Gerhard Brandl · Vom Ich zum Wir

Gerhard Brandl

Vom Ich zum Wir

Ein Weg aus dem
Egoismus unserer Zeit

ENNSTHALER VERLAG STEYR

Erklärung:
Autor, Verlag, Berater, Vertreiber, Händler und alle anderen Personen, die mit diesem Buch in Zusammenhang stehen, können weder Haftung noch Verantwortung für eventuelle Folgen übernehmen, die direkt oder indirekt aus den in diesem Buch gegebenen Informationen resultieren oder resultieren sollten.

www.ennsthaler.at

1. Auflage 2015

ISBN 978-3-85068-947-2

Gerhard Brandl · Vom Ich zum Wir
Alle Rechte vorbehalten
Copyright © 2015 by Ennsthaler Verlag, Steyr
Ennsthaler Gesellschaft m.b.H. & Co KG, 4400 Steyr, Österreich
Satz & Umschlaggestaltung: Thomas Traxl, Steyr
Titelbild: Gerhard Brandl
Druck & Bindung: Těšínská Tiskárna

MIX
Papier aus verantwor-
tungsvollen Quellen
FSC
www.fsc.org   FSC® C005833

Inhaltsverzeichnis

Vorwort

In seiner Eigenschaft als Lebewesen wendet sich der Mensch seinem Nächsten zu, bejaht dadurch die Zusammengehörigkeit. Hilfsbereitschaft dient der Lebenserhaltung. Sie wird unterstützt durch das Gemeinschaftsgefühl.

In Zeiten der Not, von Umbrüchen und Unvorhersehbarkeiten besteht jedoch die Gefahr, dass jeder immer nur an sich denkt. Eine Klage über die Verhältnisse verhallt ganz und gar im Leeren, solange kaum jemand auf die Krise mit einem Wandel seiner bisherigen Lebenseinstellung reagiert.

Ein neurotisches Seelenleiden ist die logische Folge davon, dass jemand bereits als Kind zur Gefühlsverdrängung gezwungen wurde, sich anpassen musste. Diesbezüglich bedürfte es eines Einsehens, und zwar im Verhältnis zu Mitmenschen jeglichen Alters. Der Privatismus, Überheblichkeit und Neid sind psychosoziale Krankheitssymptome. Das verabsolutierte Ich erweist sich dann als eine Stätte der Angst.

Als Psychotherapeut aus der Adler-Schule mit 30-jähriger Erfahrung (Prof. Erwin Ringel war mein Lehranalytiker) lade ich den Leser bewusst zum Risiko des Vertrauens ein, zur Gesprächs-Offenheit und zum Verzicht auf schädliche Vorurteile.

Hier liegt ein Buch vor, das zum Weiterdenken anregt, statt fertige Lösungen anzubieten. Der menschlichen Willensfreiheit und damit auch der persönlichen Verantwortung wird eine ganz besondere Bedeutung zugemessen. Ich-Fixiertsein wäre ein Zeichen der Not, somit etwas, dem es gemeinschaftlich auszuweichen gilt.

Einführung

»Wie einer sich bewegt, so ist der Sinn seines Lebens.«
(Alfred Adler, 1870–1937)

Ein willentlich herbeigeführter Stillstand wäre lebensverneinend, ist daher als etwas höchst Ungesundes anzusehen. Alfred Adler, dem Begründer der zweiten tiefenpsychologischen Schule, schwebt bei obiger Aussage aber nicht etwa ein Lobpreis von Beförderungsmitteln und sonstiger heutiger Mobilitäten vor. Er denkt wahrscheinlich auch nicht in erster Linie an die durchaus wohltuende Wirkung körperlichen Übens – vom regelmäßigen Jogging bis hin zu wesentlich aufwendigeren Sportarten.

Wenn wir das Gesamtwerk von Alfred Adler in Betracht ziehen, so wird mit diesem an den Anfang gestellten Satz neben der geistigen Aufgeschlossenheit und Regsamkeit vor allem die Kraft der Hinwendung zum Nächsten, ein soziales Engagement, in Betracht gezogen, und zwar als eine Grundbedingung für seelische Gesundheit, das körperliche Wohlbefinden mit eingeschlossen.

Sollte jeder Mensch in einer Zeit der Not nur an sich denken, wird die Not noch größer. Sie bezieht sich dann nicht mehr nur auf den materiellen Mangel, sondern vor allem auf den fehlenden Zusammenlebenswillen. Nach dem Ersten Weltkrieg hat Adler als Zentralbegriff seiner Tiefenpsychologie den Ausdruck »Gemeinschaftsgefühl« geprägt. Mit »Bewegung« ist Entgegenkommen, Zuneigung, ein solidarisches Verhalten gemeint. Dem vereinzelten Massenmenschen von heute ist Beziehungsfähigkeit abhanden gekommen.

Hunger in der Dritten Welt und eine sich immer mehr ausbreitende Depression hierzulande sind Ausdruck fehlender Mitmenschlichkeit. Korruptionsfälle signalisieren darüber hinaus einen psychosozialen Notstand, dem nicht durch Anprangern abzuhelfen ist, sondern einzig und allein durch Nächstenliebe.

Wenn der Psychoanalytiker Horst-Eberhard Richter vom »Ende der Egomanie« spricht, könnte es doch auch heißen: eines individualistischen Größenwahns. Der dringende Wunsch ist damit verbunden, dass ein solches Ende doch möglichst bald in Sicht käme. Zugleich wird durch den renommierten Autor klar und deutlich die völlige Bankrotterklärung eines verabsolutierten Ich-Menschentums zum Ausdruck gebracht.

Der Terrorismus als Vernichtungswille lehrt uns das Fürchten. Eine Abhilfe ist noch nicht in Sicht, solange jeder nur an sich denkt und um sein eigenes Wohlbefinden bemüht ist.

»Angst vor Nähe« erscheint auch Wolfgang Schmidbauer als kennzeichnend für unsere heutigen »uneigentlichen Beziehungsmuster«. Man geht einander in all dem Gedränge in Wirklichkeit aus dem Weg. An die Stelle des Dialogs ist das Gerede getreten.

Gerade das verbreitete Massendasein begünstigt Distanz. Die ausweichende Ja-aber-Strategie im mitmenschlichen Bereich deutet auf das Vorhandensein eines neurotischen Zustands hin. Sie kommt einer verhängnisvollen Selbstschädigung gleich, um mit Erwin Ringel, dem »Analytiker der österreichischen Seele«, zu sprechen.

Massenbewegungen zum Sturz autoritärer Regierungssysteme in letzter Zeit lassen uns vielleicht diesbezüglich hoffen. Dann müssten aber die Waffen endlich schweigen. Rücksichtnahme auf Kinder und alte Leute würde der Humanität den Weg bereiten.

Wer heute stets im Trend liegen will, entledigt sich damit der Freiheit und Würde als Mensch. Das Gewissen verpflichtet uns nämlich zur Selbstständigkeit und Verantwortung. Erziehen stellt dann ein diesbezügliches Einüben dar. Der Zwang zum Gehorchenmüssen infantilisiert Menschen, beraubt sie ihrer Bewegungsfähigkeit, nötigt ihnen eine Hampelmann-Existenz auf.

Die Sehnsucht nach einem harmonischen Idealzustand ist ein naiver Wunschtraum innerhalb der progressiven Leistungsgesellschaft. Als tatsächliches Leitbild fungiert nämlich immer noch und neuerdings ein brutales Streben nach Macht. Es handelt sich dabei nach Ansicht von Alfred Adler um das »hervorstechendste Übel in der Kultur der Menschheit«. Ein verkrampftes Übertreffenwollen von Konkurrenten erzeugt schließlich den Stillstand, beschwört ein Sinnlosigkeitsgefühl herauf, zielt wieder einmal auf Ausrottung, zumindest ein gnadenloses Abschieben von Missliebigen ab.

Auf diese Weise wird etwas gänzlich negiert, gleichsam ausgeschaltet, was zum Menschsein untrennbar hinzugehört, nämlich Entwicklung, und zwar als Veränderung im Lauf der Zeit. Diese setzt aber ein friedvolles Zusammenleben als etwas Unabdingbares voraus. Es handelt sich hier nicht so sehr um die Folge einer naturhaften Programmierung.

Nichts kann bleiben, wie es ist. Darauf werden wir hauptsächlich durch Krisen aufmerksam. Permanente Jugendlichkeit stellt andererseits eine ausgesprochene Lebenslüge dar. Als abschreckendstes Beispiel für die gegenwärtige Asozialität erscheint mir ein Ausgegrenztwerden, welches gerade junge Menschen in der Berufswelt oftmals hinnehmen müssen. Die Jugendarbeitslosigkeit bekundet eine gesellschaftliche Starre samt Bruchgefahr.

Alkohol- und Drogenexzesse mancher Betroffener haben dann als ein Ausdruck der Verzweiflung zu gelten. Sie deuten auf Rückzug in kleinkindhafte Oralität hin. Zugleich manifestiert sich darin unter Umständen eine Neigung zur Selbstzerstörung – bis hin zum Selbstmord. Mit bürokratischen Maßnahmen und Polizeikontrollen allein ist dagegen mit Sicherheit nichts auszurichten.

An diagnostischen Aussagen herrscht weder in so mancher beschwörenden Sonntagsrede noch bezüglich literarischer Erzeugnisse ein Mangel. »Nur wie man es wirklich besser machen kann, das weiß offenbar niemand«, stellte kürzlich eine meiner Psychotherapie-Patientinnen (58) ein wenig vorwurfsvoll fest.

Zweifellos hat jeder Therapie eine gründliche Diagnose voranzugehen. Mit dieser allein fänden wir jedoch kein Auslangen. »Man müsste vielleicht gemeinsam draufkommen, was wirklich zu tun ist«, lautete meine Vermutung.

An das Bekenntnis einer sechzehnjährigen Schülerin, welches ich vor vielen Jahren zu hören bekam, erinnerte ich mich dabei: »Jetzt weiß ich erst, wer ich selber bin und zugleich noch werden kann, seit ich mit Vorschulkindern wiederholt einen engen Kontakt haben durfte.« Es gilt, tagtäglich an die Stelle einer Ich-Fixierung Gesprächs-Offenheit zu setzen.

Für manch einen ergibt sich dann die Notwendigkeit, von feindseligen Vorurteilen und unnötigen Ängstlichkeiten aus der Zeit der vorschulischen Sozialisation frei zu werden. Äußerst dankbar blicke ich auf die sehr große Aufgeschlossenheit und das rege Interesse zurück, das mir während meiner Unterrichtstätigkeit vielfach zuteil geworden ist.

Ein Stillstehen ist dem Lebewesen Mensch nicht angemessen. Ständiges Sich-ändern-Müssen, das nicht nur für das frühe Alter kennzeichnend ist, stellt eine Gabe und Aufgabe dar, zugleich etwas, das immer nur gemeinschaftlich zu bewerkstelligen ist. Gerade im Umgang mit Jüngeren gelangt man möglicherweise zu der Einsicht, wie viel man selbst noch zu lernen hat.

Wer sich als Älterer auf seine Lebenserfahrung etwas einbildet, muss sich sagen lassen: »Man macht keine Erfahrung ohne die Aktivität des Fragens« (H.-G. Gadamer). Nicht an Grübeln ist dabei gedacht, vielmehr an ein gemeinschaftliches Erkenntnisbemühen. Somit geht es dabei nicht nur um Information, sondern vor allem auch um Kommunikation.

Je weiter das Lebensalter fortschreitet, umso wichtiger scheint die Kontaktbereitschaft zu sein, obwohl man die Bedeutung von Jugendfreundschaften keineswegs unterschätzen soll. Andernfalls droht nicht erst im Greisenalter ein Vereinsamen.

Entwicklung umfasst immer den ganzen Lebenszyklus, niemals nur die ersten Lebensjahre (E. H. Erikson).

Auf die besondere Bedeutung für die psycho-physische Verfassung, ebenso ein positives Zusammenleben aufgrund der tätigen Anerkennung dieser Tatsache soll in den folgenden Kapiteln hingewiesen werden. Es handelt sich somit um ein Gesundheitsbuch, allerdings ohne Rezepte, Anweisungen, Ratschläge, Vorschriften.

Der notwendige Bewegungs-Impuls rührt hoffentlich vom Zusammengehörigkeitsgefühl her, das gestärkt werden soll. Der Blick für diesbezügliche Notwendigkeiten bedarf vorerst freilich einer Schärfung.

Analog zur Missachtung chemischer Mittel lasse ich mich von der Annahme leiten, dass jeder selbst am besten weiß, was für ihn gut ist, sofern er nicht immer nur an sich denkt und in zunehmendem Maß bereit ist, andere Menschen in sein Lebenskonzept mit einzubeziehen. Wenn wir unsere naturhafte Mangelhaftigkeit einzig als Lernwesen auszugleichen vermögen, bedürfen kaum nur Heranwachsende einer Lernhilfe. Doch nicht an Besserwissen ist gedacht, sondern primär an eine dialogische Ergänzung.

Es handelt sich um eine Grundtatsache: Wir sind – unabhängig vom Alter – aufeinander angewiesen, aber hoffentlich nicht voneinander abhängig. Gegen Letzteres wehren sich schon kleine Kinder im sogenannten Trotzalter erbittert. Später hat dann manch einer kapituliert, sich angepasst, und zwar einzig deshalb, um Nachteilen aus dem Weg zu gehen. Ein Privatismus in Form des Sichabsonderns hätte ebenfalls als eine soziopathische Erscheinung zu gelten.

Zu dem vorliegenden Buch fühlte ich mich zunächst durch die Wiederentdeckung eines Unterrichtsbehelfs angeregt. Ich hatte diesen einst für meine Schüler zum Thema »Entwicklung« erstellt. Die Erinnerung an die Ansprechbarkeit Jugendlicher wirkte für mich motivierend. Zugleich ließ ich mich von dem Gedanken an die Notwendigkeit einer Prophylaxe für ein geglücktes Leben leiten.

Bei meiner eindringlichen Einladung zu solidarischem Denken und Handeln – unabhängig von der jeweiligen Altersstufe und sonstigen Rangunterschieden – habe ich auch mit Widerspruch zu rechnen. Die schmerzvollen Seelenzustände jener Menschen, die ich als Psychotherapeut »ins Freie begleiten« durfte, stellt für mich andererseits eine hinreichende Rechtfertigung dar, dieses Buch zu schreiben. Es handelt sich um keine entmündigende Gebrauchsanweisung. Eine Art Handbuch ist daraus geworden. »Denn man wird hier dazu aufgefordert, anderen Menschen die Hand zu reichen, den neutralistischen Abstand, das Misstrauen, die Fremdheit zu überwinden«, äußerte ein Patient (34) brieflich, nachdem er Teile des Manuskripts gelesen hatte.

Sowohl in seiner Kindheit waren als auch an seinem Arbeitsplatz sind »leider ganz andere Regeln in Geltung«, fügte der Betreffende bedauernd bei. Dass man sich aber seine Freunde selbst aussuchen kann, tröstete ihn. »Wir geben einander viel«, hieß es dazu, »unternehmen so manches gemeinsam, stoßen dabei auf Neuland. Anzupassen braucht sich keiner, Rücksichtnehmen ist aber eine Selbstverständlichkeit, nicht ein Zwang.«

Auf Systematik ist in der Aufeinanderfolge der einzelnen Kapitel grundsätzlich verzichtet worden. Ich ließ mich von der Vorstellung leiten, es möge so etwas wie ein Mosaik zustande kommen, wo aus Einzelheiten schließlich ein Ganzes wird. Voraussetzung ist, dass der Leser mittut, sich selber auf konkrete Mitmenschen einlässt. Dass jemand, dem man vertraut, einem dadurch nicht mehr fremd ist, halte ich übrigens für die kostbarste Erkenntnis aus meiner dreißigjährigen Psychotherapiepraxis.

In einer Vortragsreihe zum Thema Psychohygiene versuchte ich die Sache auf den Punkt zu bringen: Ohne Wohlwollen Mitmenschen gegenüber vermisst der Einzelne ein Sichwohlfühlen.

Einige meiner Zuhörer reagierten ausgesprochen verärgert, waren enttäuscht, weil ich ihnen nämlich eine »Zauberformel« schuldig geblieben bin. Vielleicht verhält es sich mit manchen Lesern dieses Buchs ähnlich, falls sie sich der Mitmenschlichkeit in Form des Dialogs bisher verweigert haben.

Hier kann die Entwicklungskrise Abhilfe schaffen. Die notwendige Veränderung ist dann keine Katastrophe mehr, vielmehr eine Chance, die es zu nützen gilt.

1. »Macht der Gewohnheit« oder ein neurotischer Wiederholungszwang (das eine schließt das andere nicht aus)

Machthaber sind ganz und gar nicht daran interessiert, dass ihre Untertanen gelegentlich auch vom eigenen Willen Gebrauch machen, selbstständig handeln, selbst wenn sie dafür die volle Verantwortung übernehmen. »Das verstehst Du nicht«, heißt es beschönigend, was den Anspruch der Herrschenden betrifft, nicht etwa nur einem Kind gegenüber. Dass Probieren über Studieren geht, es ohne praktische Anwendung nur ein blutleeres Wissen, kein wie immer geartetes Können gibt, man somit auf der Stelle tritt, wird meist zunächst nicht zur Kenntnis genommen.

Die mangelnde Effektivität von so manchem herkömmlichen Unterricht rührt weitgehend von einer derartigen Einseitigkeit her. Gegen ein Training in der Schule – sofern Wiederholung in variierter Form erfolgt – wäre absolut nichts einzuwenden. Denn alles kann keineswegs »spielerisch« erlernt werden. Die Übung macht immer noch den Meister.

Einem gewissen Unterhaltungsbedürfnis, genauer gesagt dem Knopfdruckdenken, dürfte es höchst zuwider sein, dass manche Handlungen mehrmals zur Anwendung gebracht werden müssen, ehe man die Sache wirklich im Griff hat. Gewöhnung in Form von Üben kommt somit eine durchaus positive Bedeutung zu. Von einer Macht gibt es hier aber weit und breit keine Spur.

Sozialisation, das Erlernen von Umgangsformen – inklusive Sprachgebrauch und Enkulturation als allmähliche Teilhabe an den materiellen und geistigen Werten einer Gesellschaft – geht größtenteils als Gewohnheitsbildung in durchaus positivem Sinn vor sich. Damit hier aber wirklich von Bildung, nicht jedoch von Dressur gesprochen werden kann, bedarf es immer der eigenen

Einsicht. Jemandem etwas einreden oder gar aufzwingen, so etwas möge doch besser unterlassen werden.

Ziele können bekanntlich auf verschiedenen Wegen erreicht werden, und um eine persönliche Zielstrebigkeit (statt Vorgaben vonseiten beamteter Lernzielplaner) geht es hier in erster Linie. Ein Kausal-Modell wäre dagegen völlig unangemessen. Dadurch würde der Mensch eindeutig unterschätzt, weil man ihm nämlich (mittels Konditionierungstechnik behavioristischer Art) eine passive Verfassung aufnötigt, er dann eher einem Automaten gleicht, als eigenständige Person völlig unbeteiligt bleibt.

Wer den Wald vor lauter Bäumen nicht zu sehen vermag, an dessen geistiger Flexibilität sind berechtigte Zweifel angebracht. Abstraktions- und Anwendungsvermögen schenken umgekehrt eine wünschenswerte geistige Bewegungsfreiheit, ermöglichen Ausprobieren und Weiterdenken, machen neugierig, wecken Eigenständigkeit. In direktem Gegensatz dazu steht die Schwerfälligkeit des Hörigen, Einfallslosen, Überangepassten, allzu Ängstlichen.

»Das ist die Macht der Gewohnheit«, hörte ich unlängst einen Busfahrer fassungslos ausrufen. Er war nicht, wie vorgesehen, mit dem Fahrzeug abgebogen, sondern fälschlich geradeaus gefahren. Ausnahmsweise hatte man ihn auf einer anderen Strecke als bisher eingesetzt. Ich war der einzige Fahrgast und versuchte nun den verzweifelten Mann, so gut es ging, zu trösten. »Es gibt Schlimmeres«, versicherte ich.

Dass bestimmte Gewohnheiten zuweilen Denken und Wollen gänzlich ausschalten können, ist aber eigentlich schon schlimm genug, stellte ich hinterher insgeheim fest.

Sich Handgriffe, Redensarten, Denkweisen anzugewöhnen, bei gleichzeitiger Offenheit für Neues, wäre durchaus gut und richtig. Alles, was ohne Herz und Verstand abläuft, bloße Routine ist, hat andererseits als menschenunwürdig zu gelten. Wer sich hier auf Erfahrung beruft (»Ich habe es immer so gemacht«), versucht lediglich seine Denkfaulheit zu rechtfertigen.

Für gewisse Bereiche ist einzig und allein der Mensch zuständig, nicht die Maschine oder ein Programm. Auch die ausgeklügeltste

Planstrategie muss stets durch den Hausverstand kontrollierbar bleiben.

Die Vermutung lässt sich nicht von der Hand weisen, dass die Art und Weise der Vermittlung (durch die Erziehung, in der Schule) dem Gewohnten zuweilen einen ungebührlichen Rang einräumt. Für das Nachplappern, die strenge Konformität, ein Strammstehen, wird man nicht selten gelobt, bekommt »Streicheleinheiten«. In Wirklichkeit handelt es sich um einen Menschen, der gleichsam seine »Wohnung« nicht mehr verlässt, weil er sich dort genau auskennt und vor allem Fremden im Grunde Angst hat. Alles läuft dann »wie am Schnürchen«. Tatsächlich ist hier eine Art Käfig vorhanden, vielleicht nur ein Laufrad wie bei einem Hamster.

Der Trend ist beabsichtigt. Manche ehrgeizigen Kreaturen vermögen sich nämlich einzig und allein durch Freiheitsberaubung an der Macht zu halten: durch künstlich erzeugte Ohnmacht anderer Menschen. Sie profitieren von deren aufgezwungener Marionettenexistenz, dem Nicht-mehr-anders-Können, einer Verkrüppelung in psychosozialer Hinsicht. Belohnen und Strafen als Pseudo-Erziehungsmittel mögen bei solch einem künstlichen Verdummungsprozess allemal eine unselige Rolle spielen, wie ich ausdrücklich feststellen möchte.

Der Lernprozess im Alltag erfolgt weder geplant noch mechanisch, sondern zu allermeist durch ein Mitmachen. Die Nachahmung ist weitgehend bezogen auf die Einstellung dem Vorbild gegenüber, weist auch eine emotionale Komponente auf, erfolgt somit nicht blindlings. Folgende Lernergebnisse kommen auf diesem Weg zustande:

- alltägliche Verrichtungen (Körperpflege, Tischsitten, sonstige Anstandsregeln, die Zeiteinteilung)
- Rollen (bestimmte Verhaltensweisen im Rahmen des gesellschaftlichen Lebens; der Begriff kann wertneutral oder aber in kritischer Absicht gebraucht werden)
- Arbeitsvorgänge (im Haushalt, in beruflicher Hinsicht, was Freizeitaktivitäten anlangt)

- die Sprache (mitsamt gruppenspezifischen Überzeugungen und Gepflogenheiten).

Wie muss das Zusammenleben beschaffen sein, damit wir von einem Rollenzwang weitgehend verschont bleiben und das alltägliche Miteinander-Sprechen nicht aus lauter Phrasen besteht? Nachahmung als eine legitime Lernmöglichkeit bedarf immer auch eines situationsadäquaten Spielraumes, der umständebedingten Anwendung, kreativen Damit-Umgehens, des ganz persönlichen Stils. Aufs-Wort-Gehorchen, ein derartiger Reflex wäre kontraproduktiv, wenn es sich nicht gerade um ein Haustier handelt.

Die Existenz eines neurotischen Zwangsgewissens ist hier vorausgesetzt. Es kommt zu einer »Verstärkung«, sodass ein Mensch schließlich seelisch krank wird. Wo ist also anzusetzen, um vor allem dem Risiko eines Wiederholungszwangs wirksam vorzubeugen? Eine diesbezügliche Verfassung zeichnet sich vor allem dadurch aus, dass wesentliche Lebensumstände, Denk- und Handlungsweisen gleichsam ein Fixiertbleiben in der Kindheit aufweisen. Im selben Maß fehlen Gesprächs-Offenheit, Einfühlungsvermögen, ein flexibler Lebensstil, Korrekturbereitschaft.

Alfred Adler spricht wiederholt davon, dass das Verhalten dann wie »gebremst« sei. Geradezu als Neuroseformel hat das zögernde Ja-aber-Sagen zu gelten. Ein verhängnisvoller Stillstand ist auf diese Weise eingetreten (was ein ständiges Kreisen um das ungeliebte eigene Ich aber nicht ausschließt).

Um auf obige Frage – nach Vorbeugung – eine zureichende Antwort zu bekommen, ist es notwendig, den Vorgang der Entwicklung in Betracht zu ziehen, genauer gesagt die daran beteiligten Faktoren. Von Reifung sprechen wir besser nicht, außer es ist damit ein lebenslanger Vorgang bezeichnet. Jedenfalls umfasst Entwicklung beim Menschen, wie bereits erwähnt, den gesamten Lebenszyklus. Die Reifung würde somit keineswegs auf Kindheit und Jugendalter beschränkt bleiben, obwohl gerade diesen Phasen eine ganz besondere Bedeutung zukommt.

Drei Wirkkräfte zugunsten einer Veränderung im Lauf der Zeit gilt es hier auseinanderzuhalten, obwohl sie ineinandergreifen:

- Neben dem **biologischen** Faktor in Richtung Wachstum, konstitutioneller Ausformung und körperlicher Konsolidierung gelangt von Anfang an ein
- **soziologischer** Faktor zum Einsatz, womit sämtliche Milieueinflüsse, nicht nur solche der Erziehung, angesprochen sind.

Die pluralistische Gesellschaft zeichnet sich durch einen rasanten Wandel aus, was außerordentliche Orientierungserschwernisse für den Einzelnen zur Folge hat. Wesentlich mehr Selbstständigkeit wäre – bereits als explizites Erziehungsvorhaben – vonnöten. In Wirklichkeit nimmt die Entmündigung durch pausenlose (mediale) Beeinflussung ständig zu. Außerdem werden heute verschiedentlich Stimmen laut, die allen Ernstes nach einer Restaurierung des einstigen Autoritarismus rufen.

Aber nicht allein Erbe und Umwelteinflüsse bestimmen unser Dasein. Es handelt sich dabei um Wirkkräfte, zu denen wir immer ganz persönlich Stellung nehmen sollen.

- Der **personale** Faktor als dritter ist der weitaus wichtigste und ausschlaggebende. Durch ihn steht die Finalität der Ursächlichkeit, nämlich dem Empfangenen und Vorhandenen, einem Geprägt-worden-Sein, aktiv gestaltend gegenüber.

Allein-gelassen-Werden, ein dialogisches Defizit in der Frühkindheit, würde zur Neurose geradezu disponieren. Wir können auch von vereitelter Selbststeuerung, einer personalen Deprivation, sprechen. Seelenleiden dieser Art zeichnen sich hauptsächlich durch den unseligen Fortbestand monologischer Einseitigkeit aus. Der völlig unangebrachten Selbstüberschätzung steht das immer schmerzlicher fühlbare Minderwertigkeitsgefühl gegenüber. Eine unselige Fehlkompensation kommt nach Alfred Adler in Form eines Überlegenheitsstrebens im Verhältnis zu anderen zustande.

Je häufiger Menschen eine Tyrannenherrschaft zu erdulden haben (am Arbeitsplatz, in der Familie, durch die politischen Verhältnisse), umso mehr ist bei ihnen – auch im Erwachsenenalter – eine zwanghafte Automatisierung die logische Folge. Früher verabsolutierte man das Immer-schon-Dagewesene, war streng konservativ, völlig einfallslos. Heute sind es Moden, Trends, Ideologien, Mehrheitsverhältnisse, denen sich so mancher Zeitgenosse völlig unkritisch zu unterwerfen pflegt.

Was kann gegen eine solche verhängnisvolle (Fehl-)Entwicklung unternommen werden, worin würde vor allem eine Neurosenprophylaxe bestehen? Die Antwort lautet zunächst kurz und bündig: in praktizierter Wechselseitigkeit.

Wenn Kinder nicht gelernt haben, auf andere einzugehen, ohne ihre Selbstständigkeit preiszugeben, sind sie auf das Leben schlecht vorbereitet. Sie neigen dazu, Mitmenschen auszugrenzen und selber in ein privatistisches Abseits zu geraten. In der Masse verliert einer zunehmend seine Beziehungsfähigkeit, unterliegt der Außensteuerung, wird zum handhabbaren Objekt. So manche zerstörerische bis verbrecherische Handlung resultiert aus einer dadurch entstandenen Unzufriedenheit.

Die Materialbearbeitung bietet (nach Otto Friedrich Bollnow) eine ebenso untaugliche Modellvorstellung für Erziehung, wenn es sich eigentlich um eine wünschenswerte Entwicklungshilfe handeln soll, wie das bloße Wachsenlassen, als ob lediglich eine Ausformung des sogenannten Erbguts vor sich gehen müsste. Alfred Adler spricht gerade behinderten Menschen positive Lebenschancen zu, weil sie sich besonders anstrengen mussten, ihnen nichts geschenkt wurde, sie gewissermaßen ein hartes Training absolviert haben.

Daraus ergibt sich die Gefährlichkeit sowohl von Härte als auch der Verwöhnung – im Verhältnis zu einem Kind. Denn in beiden Fällen kommt es zu einer verhängnisvollen Aktivitätseinbuße, das eine Mal durch Verbote, das andere Mal durch Erlaubnis (zu tun, was einem beliebt), in Wirklichkeit Gleichgültigkeit vonseiten infantiler, verständnisloser, ichfixierter Erwachsener.

Kinder sollen in erster Linie Wertschätzung spüren, nicht wegen einer besonderen Tüchtigkeit oder sonstiger Vorzüge, sondern einzig dazu, um schließlich das Leben eigenverantwortlich zu meistern.

Dem kleinen Wesen sind gute Entwicklungsbedingungen geboten, wenn es sich in ein Ergänzungsverhältnis – zunächst Eltern, Geschwistern, Verwandten, der Nachbarschaft gegenüber – aufgenommen und einbezogen fühlt. Von »Nestwärme« sprechen wir hier besser nicht, weil man davon sehr leicht erdrückt werden kann. Überbehütung ist ein Unglück, vor allem wenn die Gluckenmütter völlig ungerechtfertigte Eigentumsansprüche auf das Kind erheben.

Eine Partnerschaft, die wir hier ganz bewusst und allen Ernstes ansprechen, muss trotz mancherlei Unterschieden keine Illusion sein. Es handelt sich beim Erwachsenen um ein Angebot, für das Kind um einen Freiraum, in dem Rücksichtnahme durchaus vorgesehen ist. Jede punktgenaue Festlegung (weil angeblich Kinder beizeiten ihre Grenzen – möglichst schmerzhaft – spüren müssen) wirkt umgekehrt belastend, macht träge, langweilt, lässt das Leben immer unerquicklicher erscheinen, je älter einer wird, wenn er sich nicht beizeiten von einer solchen Last befreien konnte. Häufig frisst den, der allzu lange einer Dressur ausgesetzt war, geradezu der Neid, weil angeblich heutige Jugendliche alles tun dürfen.

Geradezu einen Höhepunkt übelwollenden Phrasendreschens stellt die Aussage dar, wer wirklich arbeiten will, bekäme auch Arbeit. »Doch die jungen Leute sind zu bequem dazu, die wollen immer nur ihren Spaß haben«. In Wirklichkeit ist bei so manchem von ihnen der Griff zu Suchtmitteln lediglich Ausdruck der Verzweiflung – infolge völliger Aussichtslosigkeit.

Wenn jemand einen Heranwachsenden ermutigt, ihn wissen lässt, dass man gerade aus Fehlern am meisten lernt, gewinnt er selber Mut zum Leben, auch wenn ihm Hindernisse, Schwierigkeiten und Missverständnisse nicht erspart bleiben.

Wer dem Perfektionismus huldigt, rechnet in Wirklichkeit stets mit dem Versagen anderer, über die er sich als ein zweifelhaftes Vorbild erheben zu können glaubt. Das Anstellen entwertender Vergleiche fällt übrigens in dieselbe Kategorie. Außerdem wird dadurch lediglich Rivalität gezüchtet (zum Beispiel zwischen Geschwistern oder Klassenkameraden). Konkurrenten fechten dann unweigerlich Machtkämpfe aus.

Was den Begriff Macht anlangt, ist zu sagen, dass der Sache sowohl im Gesellschaftsleben als auch beim Einzelnen eine besondere Bedeutung zukommt. Gegen Fähigkeiten, Begabungen, Geschicklichkeit, somit ein Machenkönnen, wäre absolut nichts einzuwenden, sehr wohl aber, und zwar mit aller Schärfe, gegen eine gar nicht immer davon herrührende Selbstüberschätzung im Verhältnis zu anderen. Der Machthaber ist ein grausamer Parasit; er macht sich die Unterwerfungsbereitschaft anderer schamlos zunutze, nachdem er sie gehörig einzuschüchtern vermochte.

Als besonders verwerflich erweist sich ein Machtanspruch in Form von Zwang. Herrschen beruht dann einzig und allein auf Unterdrückung, Einschüchterung, Gewaltanwendung. Kriege, verbrecherische Handlungen Einzelner, der Terrorismus, aber auch Mobbing im Beruf gehen immer als Ausdruck eines brutalen Größenwahns zuungunsten von Mitmenschlichkeit vor sich.

Um auf die Überschrift des Kapitels zurückzukommen, sei versichert: Die Gewohnheit kann durchaus von Nutzen sein, wenn sie uns unnötige Anstrengungen erspart, das Ergebnis eines ausdauernden Trainings darstellt. Sollte durch sie aber ein Zwang entstehen, das Nicht-mehr-anders-Können, dazu lieblose Härte zum Einsatz gelangen, ist äußerste Vorsicht geboten.

Wer meint, alles müsste immer so bleiben, wie es einmal war (was hauptsächlich auf ältere Menschen zutreffen mag), oder aber man hätte sich stets nach den neuesten Trends zu richten, ist von einem Identitätsverlust bedroht. Hierdurch entsteht oft und leicht ein neurotisches Seelenleiden, welches den Betreffenden auch für andere unleidlich macht. Er gerät jedenfalls immer mehr in Isolation, vereinsamt, zieht sich in sein Schneckenhaus zurück. Insbesondere im Hinblick darauf nehmen heute depressive Zustände immer mehr zu, wurde aus der Depression eine Zeitkrankheit.

»Ich war auch einmal so«, verriet mir eine Sechzehnjährige nach einer Hospitation im Kindergarten. Sie hatte sich dort nach Kräften mit einem Mädchen befasst, das sich anderen Kindern gegenüber ausgesprochen aggressiv gebärdete, »weil es große Angst hat«. Die Schülerin empfand Mitleid, ließ sich von der scheinbaren

Gehässigkeit nicht abschrecken, nahm die Unzufriedenheit wahr. »Wer weiß, wie weit die (negativistische) Familientradition schon zurückreicht.« Es hieß dazu noch voller Bedauern: »An so etwas gewöhnt man sich nämlich, kann dann gar nicht mehr anders.« Wieder abzugewöhnen vermag einer sich eine derartige Lebenseinstellung wahrscheinlich kaum ohne fremde Hilfe.

Liebe ist stärker als jegliche Macht. Es wäre keine ungerechtfertigte Zudringlichkeit oder Sentimentalität, sollte man diese heutzutage wesentlich öfter zu spüren bekommen, außerdem auch selber darum bemüht sein. Nicht nur Kinder haben ein Zärtlichkeitsbedürfnis. Manchen Jugendlichen ist es ein besonderes Anliegen, einander zu umarmen, zu küssen. Ich denke dabei auch an eine Gruppenveranstaltung. »Die Zwanglosigkeit empfand ich als ein ganz kostbares Geschenk«, äußerte ein junger Mann (22) mir gegenüber beglückt.

Eine kritische Bemerkung einer meiner Schülerinnen möchte ich an dieser Stelle nicht unerwähnt lassen (sie galt übrigens nicht in erster Linie Funktionären der Schulbehörde): »Ich habe ganz stark den Eindruck, dass ein Sitzen hinter irgendeinem Schreibtisch oder auch das Innehaben eines höheren Amtes so manchem Menschen den Hausverstand raubt.« Ich hatte nicht die Absicht, Obrigkeiten in Schutz zu nehmen, stimmte uneingeschränkt zu. »Sie werden hart, lieblos, kennen bloß die Buchstaben des Gesetzes, sind erstarrt, völlig steril, grausam, nur noch Automaten. Man geht ihnen am besten aus dem Weg, wenn man dazu in der Lage ist«, hieß es in einem Aufsatz über Herrschergestalten einst und jetzt.

Etwas gemildert wurde das harte Urteil durch den sehnlichen Wunsch, nicht einmal selber »auch so zu werden«. Dieser Starre gilt es beizeiten oder als notwendig gewordene Stellungnahme zu einem krisenhaften Hindernis wirksam vorzubeugen, gegenzusteuern, und zwar unter anderem mit Humor, den grundsätzlichen Verzicht auf Vorurteile mit eingeschlossen.

In einem meiner Bücher habe ich allen Ernstes von der »Tugend der Gleichgültigkeit« gesprochen. Nur ein gänzlich humorloser Mensch ist über diese Formulierung entsetzt. Es war keineswegs beabsichtigt, ein liebloses Verhalten zu befürworten. Ich wollte bloß dazu auffordern, manche Dinge nicht wichtiger zu nehmen, als sie in Wirklichkeit sind (als Beispiel darf ich an den Obus-Fahrer erinnern, mit dem ich doch an das vorgesehene Ziel gelangt bin).

»Ich fühle mich endlich frei«, gestand mir unlängst ein Psychotherapie-Patient zum Abschied. Das Auseinandergehen fiel uns beiden schwer. Dennoch war eine Korrektur des Lebensstils, als eigentliches Ziel unserer Kontakte, einigermaßen gut gelungen. Dass es eine positive persönliche Beziehung gab, gegenseitige Wertschätzung vorhanden war, stellte sich als Bedingung des Freiwerdens dar. Anders wäre der Patient aus seinen Kindheitsfrustrationen nicht herausgekommen. Wir schafften es durch Zusammenarbeit.

Als Kennzeichen einer offeneren Lebenseinstellung kann die spontane Behauptung gelten: »Ich nehme ab jetzt alle Menschen so, wie sie sind, mich selber aber auch. Dadurch kann ich doch wohl zuversichtlich in die Zukunft blicken.«

Ich glaube ganz fest, dass der liebenswerte Mensch dazu wirklich allen Grund hat.

2. Alter – Krise – Lebensgeschichte.
Eine Dynamik, der es nach Kräften gerecht zu werden gilt

Eine genaue Altersangabe ist bei bürokratischen Belangen üblich. Wie alt jemand tatsächlich ist, lässt sich möglicherweise eine Zeit lang kosmetisch verschleiern. Auch Schönheitsoperationen kommen heute vor, und zwar nicht nur bei Angehörigen des weiblichen Geschlechts. In Wirklichkeit gibt es in biologischer Hinsicht, was zunächst das Körperwachstum anlangt, die Reifung von Nervensystem und Muskulatur, ebenso der inneren Organe, auch im späteren Alter niemals einen Stillstand. Für die psychische Verfassung hat das aber in noch viel größerem Umfang Geltung.

Der allmähliche Abbau setzt laut medizinischer Aussage andererseits schon ziemlich früh ein. Leibesübungen allein (Fitness, Joggen, Schwimmen) vermögen diesem kaum nachhaltig gegenzusteuern. Seelische Wachheit bis ins hohe Alter wird andererseits nicht rein zufällig als eine Art Jungbrunnen gepriesen.

Die gesellschaftlichen Umstände wirken sich als – vielfach völlig ungerechtfertigte – Bewertungsinstanzen in Bezug auf das Lebensalter aus (insbesondere im Berufsleben hat das Geltung, wo ein Fünfundvierzigjähriger womöglich als »nicht mehr vermittelbar« gilt). Einst wurden Kinder nur als halbe Menschen angesehen. Allenfalls betrachtete man sie als zukünftige Arbeitskräfte. Heute weiß man zumindest, dass es ohne sie in Zukunft wohl keine Pensionen mehr geben wird.

Die zunehmende Langlebigkeit macht Betreuungs- und Pflegeeinrichtungen notwendig. Das wird immer deutlicher und öfter auch ausgesprochen. Ob die Verlängerung der Berufstätigkeit empfehlenswert ist, wage ich zu bezweifeln.

Altwerden gilt aber nicht nur wegen der hohen Kosten als problematisch. Andernfalls könnte Erwin Ringel nicht von einem

»Wagnis« sprechen und dazu auffordern, es bereitwillig auf sich zu nehmen. Verschleiern lassen sich die absolvierten Lebensjahre für längere Zeit keineswegs. Komplimente wegen jüngeren Aussehens sollte man besser nicht ganz ernst nehmen. Dass es kaum erheiternd wirkt, wenn man sich auszurechnen vermag, wie viel Jahre in halbwegs erträglicher Verfassung einem vielleicht noch übrig bleiben, darf ich aus eigenem Wissen und meiner persönlichen Situation glaubhaft versichern.

Wiederholt kam ich einst im Psychologie-Unterricht auf die Tatsache des Altwerdens zu sprechen. Eine »schreckliche Angst« davor, genauer gesagt vor den Falten, einem krummen Rücken, diversen Krankheiten, der zunehmenden Gedächtnisschwäche und zuletzt einem Abgeschobenwerden in ein Heim, hielt sich bei meinen Schülerinnen mit besonderer Zuneigung und großer Wertschätzung für alte Leute (oft waren es vor allem die eigenen Großeltern) einigermaßen die Waage.

Die Altersweisheit wird heute keineswegs besonders hoch eingeschätzt, »weil in kürzester Zeit alles ganz anders wurde« (klagte jemand mir gegenüber kurz nach Pensionsantritt). Die im Lauf der Jahre gewonnenen Erfahrungen sind dann höchstens von formaler Bedeutung. Man ist jemandem für das und jenes vielleicht dankbar, weil er kein Geizkragen und immer noch hilfsbereit ist. Das dürfte meist aber auch schon alles sein.

Sollten bejahrte Menschen nicht starrsinnig auf ihren einstigen Moralvorstellungen beharren, ist man froh darüber, wundert sich vielleicht ein wenig. »Was mir einst verwehrt war, darauf hast Du auch kein Recht«, wäre kein besonders menschenfreundlicher Grundsatz. »Endlich ist es heute anders, sind viele Tabus weggefallen«, freute sich einmal eine Urgroßmutter, die den jungen Verwandten ihre sexuelle Freiheit »von ganzem Herzen vergönnt«.

Eine Glorifizierung der Vergangenheit, der Zeit, in der angeblich alle Leute so hilfsbereit waren und zusammengehalten haben, erscheint mir immer ein wenig peinlich. Es dürfte sich um ein Klischee handeln. Dass wir heute in einer besonders »kalten Gesellschaft« leben (Claudia Szczesny-Friedmann) und Kinderfeindlichkeit wie auch die vielfache Geringschätzung Jugendlicher sich als äußerst schädlich auswirkt, sollte hier keineswegs unausgesprochen bleiben.

Mangelnde Flexibilität wäre durch das zuerst erwähnte Gerede unter Beweis gestellt. Ob es tatsächlich zumutbar ist oder lediglich für die Wirtschaft erstrebenswert erscheint, dass kaum jemand mehr in Zukunft damit rechnen kann, seinen erlernten Beruf bis zum Pensionsantritt auszuüben, bleibe dahingestellt.

Eine gewisse Kontinuität scheint trotz wünschenswerter Horizonterweiterung, ebenso einer Ausweitung von Interessen im Lauf der Lebensjahre, der (freiwilligen) Übernahme diverser Aufgaben, doch unverzichtbar zu sein. Wenn Kreativität heute geschätzt wird, weil es sonst keine Innovationen gibt, muss man doch auch den Wert personaler Qualitäten unbedingt gelten lassen und voll anerkennen. Andernfalls wäre ein Mensch allen Ernstes gezwungen, seinen Charakter der jeweiligen Nachfrage anzupassen, ein Opportunist zu werden. Gesinnung ist auch in Zukunft kein Luxus. Hoffentlich handelt es sich aber nicht um etwas Eingetrichtertes, vielmehr ein besonderes Gut, über dessen Beschaffenheit man sich von Zeit zu Zeit Rechenschaft zu geben hat.

Die unleugbare Gefahr, dass Ideale allmählich verblassen, den geänderten Umständen nicht mehr konform sind, ist nicht von der Hand zu weisen. Gerade was das Älterwerden anlangt, verdient Unverwechselbares und Einmaliges volle Anerkennung, eine besondere Wertschätzung, falls es sich dabei nicht um etwas Verkrampftes, eine Originalität um jeden Preis oder bloße Schrulligkeiten handelt. Die Selbstachtung hängt damit eng zusammen. Ich erinnere mich, wie lächerlich und verachtenswert mir früher Menschen erschienen sind, die zuerst übereifrig »Heil Hitler« riefen und gleich danach angeblich immer schon »dagegen« waren.

Wer seine Meinung nie ändert, hatte am Ende nie eine solche. Der nicht selten feststellbaren (ungesunden) Starre reden wir hier keineswegs das Wort, wohl aber dem lebenslangen Lern- und Veränderungsprozess. Wenn die philosophische Anthropologie den Menschen ein »Mängelwesen« nennt, dürften diverse Eigenleistungen unumgänglich sein, so etwas wie ein kultureller Rahmen aber ebenfalls. Auf die Natur können wir uns somit nicht berufen und verlassen, wenn Entscheidungen zu treffen sind, jemand dann selbst die Verantwortung zu übernehmen hat.

Eine Umformung, die keineswegs immer nur von äußeren Umständen gefordert zu sein braucht, geht oftmals nicht völlig schmerzlos vor sich. Gelegentlich wird uns bewusst, dass es immer wieder einmal Abschied zu nehmen gilt. Die Krise kennzeichnet eine Übergangserscheinung, ist somit etwas schlechthin Unverzichtbares, keine Katastrophe. Es handelt sich dabei immer um ein ganz wichtiges Lebenszeichen (O. F. Bollnow).

Vorwerfen sollte man es einem Menschen jedenfalls nicht, dass er sich verändert hat (zum Beispiel einem Jugendlichen, der einst »so ein liebes Kind« war). Wer meint, durch den Wandel sei es zu einem Nachteil gekommen, hält besser den Mund. Mit dem Erzeugen von Schuldgefühlen ist der seelischen Gesundheit immer ein sehr schlechter Dienst erwiesen.

Krisen können den weltanschaulich-religiösen Bereich betreffen (nicht jeder Kirchenaustritt erfolgt des Geldes wegen). Oder es handelt sich um eine Freundschaft, Beziehung, Ehe, die in der bisherigen Form möglicherweise unvollziehbar geworden ist. Ein schmerzlicher Verlust wird hier verspürt, ebenso eine quälende Unsicherheit, wie es nun wohl weitergehen soll, wenn Neues noch nicht in Sicht kommt.

Bleibt die Krise meist auf den Einzelnen beschränkt, selbst wenn sich sein Verhalten immer auch auf andere auswirkt, so berührt der Konflikt unmittelbar das Verhältnis zum Nächsten. Vielleicht sind es nur ganz bestimmte Menschen, zwischen denen es aus mancherlei Gründen zu einem ernstlichen Zusammenstoß kommt. Es gibt aber zuweilen auch Gewissenskonflikte. Sie haben einen Spannungszustand im Betreffenden selber zur Folge, blockieren dann meist sein Handlungsvermögen, veranlassen ihn zum Grübeln.

Eine gewisse Konflikträchtigkeit besteht darin, dass allen beiden zunächst Nähe auferlegt ist (als Familienmitglieder oder Berufskollegen), gewisse negative Impulse im Einzelnen aber mit einem Mal das Zusammensein erschweren können. So etwas wie eine

»Explosionsgefahr« zwischen Kontrahenten, die einmal Partner waren, kann dadurch heraufbeschworen sein. Jeder Auseinandersetzung auszuweichen, wäre aber auch nicht empfehlenswert. So etwas ist oft nur um den Preis einer gewissen Verstellung durchführbar.

Den Ausdruck »Streitkultur« halte ich persönlich zwar nicht für besonders sympathisch, aber wahrscheinlich muss es so etwas tatsächlich zuweilen geben.

Wenn ein Mensch sich durch allerlei Autoritäten dem Zwang ausgesetzt fühlt, so zu bleiben, wie er ist, dürfte eine Auseinandersetzung schließlich unvermeidlich sein (zu wessen Ungunsten, steht damit aber noch nicht fest). Kurz gesagt, ein Sichverändern und In-Bewegung-Bleiben findet zwar nicht immer die ungeteilte Zustimmung solcher, die sich an ein Verhalten gewöhnt, davon vor allem profitiert haben, stellt aber oftmals eine unaufschiebbare Notwendigkeit dar.

An eine Schülerin (17) erinnere ich mich. Als ihr bewusst wurde, welche nachhaltige Wirkung ersten Eindrücken zukommt, äußerte sie spontan: »Man müsste überall Flugzettel abwerfen, durch welche Eltern auf diese wichtige Tatsache aufmerksam gemacht werden«. Sie selber sei, als Einzelkind einer alleinerziehenden, berufstätigen Mutter, »immer eingesperrt« gewesen, außerdem stets sehr »streng kontrolliert« worden. »Ohne meine Freundinnen während der Schulzeit wäre ich wahrscheinlich total vertrocknet«, hieß es dann noch ein wenig bitter.

Von einer Prägung sprechen wir hier besser nicht. Wohl aber ist schon in sehr frühen Jahren mit der Entstehung eines bestimmten Stils zu rechnen. Dieser fungiert als Auswahlkriterium oder er hat Einfluss auf die Selbsteinschätzung auch anderen gegenüber. Es handelt sich um eine Art persönliches Leitbild. Unter Umständen ist eine Korrektur möglich, gelegentlich auch nötig – durch Psychotherapie oder eine intensive Auseinandersetzung mit den diversen Lebensaufgaben. Mitmenschliche Begegnungen können gerade diesbezüglich eine echte Chance bieten.

Was die Lebensgeschichte anlangt, so ist sie wesentlich mehr als ein Wachstumsergebnis, jedenfalls nicht ausschließlich durch die jeweilige Altersstufe vorbestimmt. Oftmals wird sie unter Schmerzen geboren. Zu so manchem, wovon man schließlich überzeugt ist, musste man sich erst mühsam durchringen. Es wäre wünschenswert, dass jeder schließlich seine diesbezügliche Verfassung voll akzeptieren kann. Dann neigt er anderen gegenüber ebenfalls zur Toleranz: Die Alten werden unter diesen Umständen nicht verachtet, die Jungen keineswegs beneidet (oder umgekehrt).

Als höchst problematisch würde sich eine Veränderung im Lauf der Zeit darstellen, wenn jemand nie selber die Initiative ergreift, gewissermaßen durch äußere Umstände »gelebt« wird, sich treiben lässt, immerzu gehorsam ist, bereitwillig nachgibt, sich damit als Produkt einer gnadenlosen Fremdbestimmung erweist. Es dürfte geradezu unverzichtbar sein, dass ein Mensch mit dem, was rings um ihn passiert, im engeren und weiteren Umkreis, somit auch mit der zeitgeschichtlichen Epoche, den kulturellen und politischen Belangen, sich ganz persönlich auseinandersetzt.

Wer sich ängstlich von allem fernhält, niemals persönlich Stellung nimmt, streng neutral bleiben möchte, ist in Wirklichkeit ein Feigling.

Er will es sich mit keinem verscherzen, schon gar nicht einer (verachteten) Minderheit angehören, entbehrt somit jeglicher inneren und äußeren Formung. Ihm fehlt ein Profil; er ist irgendwie verwechselbar, eigentlich als bedauernswerte Kreatur anzusehen. Ein diesbezügliches Urteil wird aber besser unterlassen, zumindest nicht vorwurfsvoll ausgesprochen.

Eines meiner Bücher trägt den Titel »Generationenkonflikte gemeinsam lösen«. Wir können auch so sagen: Verschiedenaltrige müssen einander weder bekriegen noch ignorieren und gering schätzen, denn sie sind in Wirklichkeit aufeinander angewiesen. Altersunterschiede gehören einfach zur menschlichen Ganzheit, ferner aber auch die Bereitschaft eines jeden, im Verhältnis zu anderen seine Lebensfrist persönlich zu gestalten, dass von Geschichtlichkeit gesprochen werden kann. Damit ist immer ein gewisser Ernst verbunden. »Denn wir wissen es nie ganz genau, wie lang es noch dauern wird.«

Dass es Friedhöfe gibt, Todesfälle und Begräbnisse, ist bekannt. Plötzlich fühlt ein Mensch ab einem bestimmten Alter oder durch ein konkretes Erlebnis, dass es auch für ihn einmal so weit ist, es dann auf dieser Welt aus und vorbei sein wird. Es ist gänzlich unfassbar, dennoch eine unleugbare Tatsache. Das Gegenteil von Akzeptanz wäre hier Infantilismus, ein illusionäres Dahinleben, der totale Selbstbetrug, die naive Lebenslüge schlechthin. Aber unentwegt ans Sterben zu denken, ist auch nicht gerade empfehlenswert.

Wenn die Schulzeit (etwa mit der Matura) endet, ist man noch lange nicht für das Leben reif und gerüstet. Man spürt es deutlich, fühlt sich dadurch verletzt, weil nun etwas unwiderruflich endet, Leben auch dann und wann ein Abschiednehmen mit einschließt. Ich kann es auch dem Leser nicht ersparen, ihn auf seine Sterblichkeit aufmerksam zu machen.

Der gläubige Mensch hofft, dass es sich um keinen Untergang, vielmehr einen Übergang handelt. Dennoch möge auch er besser nicht behaupten, er stünde dem Tod ohne Angst gegenüber. Es klingt schauderhaft, aber es ist so: Eigentlich sind wir alle von Beginn an zum Tod verurteilt.

Unserer Bewegungsmöglichkeit, stelle ich hier fest, ist eine bestimmte Frist gesetzt. Somit käme es in erster Linie darauf an, tätig zu werden, solange uns dazu Zeit bleibt, ein Geschehnis in Gang zu bringen, das möglicherweise schließlich von anderen weitergeführt wird. Wünschenswert ist es, einen Beitrag zu leisten zum Wohl der Allgemeinheit, damit wir nicht vergeblich gelebt haben, auch wenn man uns dafür kein Denkmal errichtet und Menschen heutzutage ziemlich rasch vergessen sind.

»Ich weiß, dass mein Leben einen Sinn hat, weil ich mich für andere nützlich machen konnte, ich wiederholt gebraucht wurde.« Diese Behauptung einer Krankenpflegerin (58) kurz vor ihrem Sterben ist äußerst beherzigenswert. Ein Fünfzigjähriger vollzog im Rahmen seines Therapiekontakts nach schrecklichen Todesfällen in seiner Familie dadurch eine Trauerarbeit, dass er verschiedene Hilfsmöglichkeiten tatkräftig realisierte. Er musste sich zuvor von Menschen trennen, die ihm »alles bedeutet« hatten. Ganz allein bleiben mit seinem Schmerz, der auch ein hohes Maß an Selbstmitleid einschloss, wollte er auf die Dauer nicht.

Dass »das Leben weitergehen muss«, eine derartige Trivialaussage erspart man einem Leidgeprüften am besten. Ich machte den Mann nur mit gebotener Diskretion irgendeinmal darauf aufmerksam, dass durch ihn nun glücklicherweise ein echter Ausgleich zustande kommt: für die Passivität, das Leiden, nämlich durch sein liebevollhelfendes Aktivsein.

Untätigkeit ist Menschen niemals angemessen. Wir können sie uns einfach nicht leisten – als eigenverantwortliche Lebewesen. Damit ist eine psychohygienisch durchaus relevante Warnung ausgesprochen, die allerdings Arbeitswut nicht rechtfertigt. Füreinander Zeit haben, empfehle ich dagegen wärmstens. Man würde andernfalls nämlich vor sich selber davonlaufen. »Besser, ich ärgere mich auch einmal über jemanden, als ich langweile mich mit mir selber zu Tode«, diese Aussage eines wachen Achtzigjährigen will ich dankbar unterschreiben.

Durch ein Zugehörigkeitsgefühl entgehen Menschen der Leere, die zu den ärgsten Seelenqualen gehört. Die heile Welt gibt es nicht. Dass uns nichts »geschieht«, alles immer nach Plan, das heißt wunschgemäß vor sich geht, ist in unserer Lebensgeschichte einfach nicht vorgesehen – so wenig wie die ständige Ermangelung von Krisen, Konflikten, Umwegen, sogenannten Schicksalsschlägen.

Wehleidig sollte man daher besser nicht sein. Den Rat, jemand möge die Zähne zusammenbeißen, halte ich aber auch nicht für besonders vorteilhaft. Es gibt Menschen, selbst Kinder, die unter Tränen lächeln. Mögen sie niemals ohne eine tröstende Nähe bleiben.

Ob ich jemanden liebe oder ihn bloß gernhabe, spielt vielleicht keine so große Rolle. Ganz wichtig ist, dass ich ihn nicht im Stich lasse, wenn es einmal darauf ankommt, er mich wirklich braucht, ich ihm helfen kann.

Es gibt Menschen, deren Namen ich vergessen habe, die Erinnerung an sie bietet mir aber immer noch eine gewisse Stärkung, wirkt ermutigend, stellt einen Lichtblick dar. Sollte jemand allabendlich mit meinem Fürbittgebet rechnen dürfen und dazu noch von Zeit zu Zeit von mir einen lieben Gruß erhalten, fühlt er sich trotz der Entfernung niemals ganz vergessen. »Nach Kräften«, das rechtfertigt keine Ausreden, es wendet sich entschieden an den guten Willen, der jedenfalls wesentlich weiter reicht als Denken. Das Mitgefühl bereitet ihm stets den Weg. Ohne Gefühle wären wir, was das Zusammenleben betrifft, wirklich taub, blind, vor allem aber gänzlich lahm, somit unbeweglich.

3. Der Mensch als eine dynamische Ganzheit – ergänzungsbedürftig.

Lebenskonzepte und ihre Korrektur

Einzelheiten, etwa der Körperhaltung oder einer bestimmten Aussage, liegt immer ein unverwechselbares Anliegen zugrunde. Um einen Zufall handelt es sich im Allgemeinen nicht. Verständnis für den Mitmenschen gewinnt man durch Einfühlung und den Versuch, an seiner Mentalität teilzuhaben, ohne deshalb die eigene Geisteshaltung preiszugeben.

In höchstem Maß unredlich wäre es, jemanden durchschauen zu wollen, und zwar einzig und allein zu dem Zweck, um ihn beherrschen zu können. Von einer dynamischen Ganzheit sprechen wir hier, sofern zwar ein Lebenskonzept gegeben ist, das jedoch niemals zu einer definitiven Form gelangt. Eine Charakterstarre ist andererseits als unvorteilhafte Erscheinung anzusehen, nämlich als eine besondere Form von Zwanghaftigkeit.

In Psychotherapiekontakten kamen manche Patienten wiederholt auf den Vergleich mit einem Umbau zu sprechen. Ein junger Mann (27), der bisher ausschließlich für seinen Beruf gelebt hatte, fasste zunächst einen »Anbau als Erweiterung« ins Auge. Er sei, wie er feststellte, in sehr kleinen Verhältnissen aufgewachsen. Für sich und seine Kinder wünschte er sich nun mehr Bewegungsfreiheit. Dass Zeithaben auch dazugehört, musste er noch lernen.

Durch Gesprächsbereitschaft bezeugt ein Mensch seine Ergänzungsbedürftigkeit, ohne dass er sich deshalb etwas einreden oder von seiner persönlichen »Leitlinie« abbringen lässt. Von einem »Lebensstil« ist bei Alfred Adler in der nämlichen Bedeutung die Rede. Es handelt sich um eine Art Vereinheitlichungstendenz, genauer gesagt um eine finale Struktur. Wahrnehmung, Denken und Handeln werden dann stets von einer bestimmten Absicht geleitet, die zum

Teil auch unbewusster Natur sein kann, Erfahrungen und auch manche Lebensvollzüge von einst mit einschließt.

Wer sich keine Eigenständigkeit zutraut, weil man ihn beizeiten eingeschüchtert hat, macht sich unweigerlich von Einflüssen als unentrinnbaren Ursachen abhängig. Es handelt sich dabei um ein bloßes Reagieren (zum Beispiel auf die Wirtschaftswerbung oder Schlagworte aus den Medien), somit einen passiven Zustand. Bereits ein Kind verdient umgekehrt Anerkennung, wenn es sein Selbstsein im Denken und Tun offen bekundet, auch wenn die Formulierung vielleicht noch zu wünschen lässt.

Partnerschaft bedeutet, dass Teile (lat. partes) ein Ganzes bilden. Da es sich im menschlichen Zusammenleben aber niemals um ein Exklusivverhältnis handelt, bleibt die Ganzheit grundsätzlich immer offen, ist entwicklungsfähig, und zwar nach dem Maß der Dialogbereitschaft. Ein Besserwisser muss sich freilich mit seinen Einbildungen zufriedengeben, weil man ihn meidet, ihm zunehmend aus dem Weg geht, irgendwie für nicht ganz voll nimmt.

Sollte das Werden, die Dynamik (zum Beispiel in Form von Interessen), aus welchem Grund immer blockiert sein, drohen Zerfall, Erstarrung, Destruktivität. Das kann insbesondere in Form von psychotischen oder neurotischen Seelenleiden der Fall sein. Angstattacken, Zwanghaftigkeit und eine depressive Verfassung wirken sich dann besonders belastend und krankheitswertig aus.

Kinder bedürfen in erster Linie erzieherischer Impulse in Richtung Selbstständigkeit. Die Vorbildwirkung Erwachsener soll dazu lediglich eine Anregung bieten. Sie darf keinesfalls als Zwang zur Nachahmung aufgefasst werden. Ausgesprochen irreführend wäre es, unserem Nachwuchs das Leben als einen ständigen Kampf erscheinen zu lassen. Damit ist nämlich unweigerlich ein Übertreffen anderer verbunden, was notwendigerweise zu Verlusten und Verletzungen führt. Aber auch mit einem Schlaraffenland darf nicht gerechnet werden. Der Verwöhnte fällt spätestens in der Schule aus allen Wolken.

Zumindest drei Aspekte der angedeuteten dynamischen Ganzheit lassen sich unterscheiden:

- Zunächst haben wir der Einheit von Körper und Geist Beachtung zu schenken. Jede Überbetonung – sowohl der leiblichen Bedürfnisse (bis hin zur Abhängigkeit in Form einer Sucht) als auch des Geistes (in Form von kalter Berechnung, des Hochmutes) – ist unbedingt zu meiden, wäre schädlich.
- In der Beziehung zur sozialen Umwelt wirken immer auch Erfahrungen aus der Vergangenheit (mit Eltern und Geschwistern) nach. Zugleich ist eine neue Perspektive möglich, oft genug in höchstem Maß wünschenswert (zum Beispiel wenn man sich auf eine Geschlechtspartnerschaft einlässt, dadurch auch mit anderen Sozialisationsbedingungen in Kontakt kommt).

Die Lebensgeschichte bedeutet, dass sich Gewesenes und Zukünftiges immerzu irgendwie berühren, eine Art Gleichzeitigkeit gegeben ist (was dann auch der Verständigung Verschiedenaltriger durchaus zugutekommt).

Zur letztgenannten Thematik ist zu sagen, dass die Zukunft so wenig ein unabwendbares Schicksal darstellt wie die Vergangenheit. Es kommt immer darauf an, auf welche Weise wir zu den diversen Tatsachen – auch dem persönlichen Werden und Vergehen im Lauf der Zeit – Stellung nehmen, persönlich deuten und bewerten. Bereuen hat nur einen Sinn hinsichtlich Besserung. Ungeschehen machen kann man eine Fehlhandlung meist nicht.

Nach Adler ist der Mensch niemals ein Produkt, sondern stets schöpferisch, sofern er sich zielsetzend verhält. Eine gewisse Flexibilität, Aufbruchstimmung und Wandlungsbereitschaft wären dazu erforderlich. Nehmen wir als Beispiel die einst erlittene Armut. Der eine zieht in Bezug auf Heranwachsende daraus den Schluss: »Was ich nicht gehabt habe, müssen die auch nicht haben.« Ein anderer denkt und handelt genau umgekehrt, will gerade deshalb helfen, weil ihm selber einst Hilfe versagt geblieben ist, er Not leiden musste.

Wenn das unselige Machtprinzip von einem Menschen verinnerlicht wurde, wonach Teilung (das Ausschalten von Eigeninitiative beim Nächsten, eine Mechanisierung, aber auch ein bewusstes

Erzeugen von Unfrieden, Mobbing, Verleumdung) Herrschaft verspricht, wird die dynamische Ganzheit dadurch grausam zerstört. Wir sind in dieser Hinsicht immer auf andere angewiesen, ignorieren somit einen solchen Umstand niemals ungestraft.

Unsere heutige Welt bietet in Form von Terror, Kriegen, Hungersnöten und Seuchen (Aids – nicht nur in Afrika) ein grässliches Spiegelbild der Entzweiung. Im zwischenmenschlichen Bereich handelt es sich dann um Gleichgültigkeit bis hin zu einer übelwollenden, zersetzenden Aggressivität. Auch Morden da und dort gehört offenbar bereits zur Tagesordnung, wenn man die mediale Berichterstattung in Betracht zieht.

Störend und vereinzelnd wirken auch eine Leib-Seele-Spaltung (wenn zum Beispiel die Medizin auf psychische Einflüsse keinerlei Rücksicht nimmt, ein neuerliches Verteufeln der Sexualität festzustellen ist, Radikalismen unterschiedlichster Art abermals auftauchen), Rücksichtslosigkeit, Angriffe im Verhältnis zu Leib und Leben des Nächsten, die beängstigende Zunahme von Eigentumsdelikten.

Aber auch in Bezug auf die eigene Lebensgeschichte kann es Deformierungen geben, zum Beispiel wenn einer jünger wirken will, als er tatsächlich ist. Geschichtlichkeit des Menschen, sein ganz spezifischer Zeitbezug, hätte auch die Bedeutung, dass wir zumindest in unserem persönlichen Einflussbereich ernstlich um das bemüht sind, was und wie etwas geschieht (nicht nur indirekt als Wähler oder gelegentlicher Leserbriefschreiber). Wer sich am liebsten aus sämtlichen Schwierigkeiten heraushalten möchte, niemals Stellung nimmt, verliert seine Eigenständigkeit, wird übergangen, gerät dadurch in eine Sinnkrise und neigt am Ende zur Selbstverachtung.

Zwischen Erinnerung an Gewesenes und Erwartung dessen, was kommt, existiert häufig ein echter Entscheidungsspielraum. Vielen Menschen fehlt allerdings der Mut, die Entwicklung (zum Beispiel das Älterwerden) nicht nur als unabänderliche Tatsache, sondern auch als eine durchaus lohnende Aufgabe und echte Chance zu betrachten, daher bereitwillig anzunehmen.

Ein Gesellschaftssystem, das nur Überlegene und Unterlegene kennt, Sieger und Besiegte, Mächtige und Ohnmächtige, muss als ausgesprochen lebensfeindlich betrachtet werden, erweist sich somit als total unmenschlich. Hier negiert man das Ergänzungsverhältnis. Nicht nur die Zusammenarbeit würde untergraben, ebenso das Vertrauen, die Grundlage einer gesunden Persönlichkeit (E. H. Erikson). Dass heute Konkurrenz und Rivalität weitgehend dominieren, beweist noch lange nicht deren Normalität.

Mit der selbstkritischen Einsicht in einen destruktiven Lebensstil muss sich eine alternative Denkweise, aber ebenso Praxis verbinden. Gemeint sind zielsichere Schritte, die uns in erster Linie dem Zusammenleben näherbringen. Die Frage nach Größenunterschieden ist dabei völlig irrelevant. Es kommt vorerst auf Akzeptanz ohne jede Einschränkung an. Sympathie und zuweilen sogar Liebe folgen dann hoffentlich nach. Oft sprechen wir sehnsüchtig davon, allerdings ein wenig wie der Blinde von der Farbe. Der Massenmensch lebt – in einem Wohnsilo oder im Einfamilienhaus – nicht nur distanziert, sondern auch total isoliert.

Ein Patient (47) machte sich zum Thema »Lebensstil« ernsthafte Gedanken: »Das eine Mal handelt es sich wahrscheinlich um etwas Bleibendes, das einen Wandel ermöglicht, Zersplitterung verhindert. Die Neurose wäre andererseits gleichzusetzen mit Erstarrung, einem Stillstand. Alles schaut dann mit einem Mal gleich aus, muss immer gleich bleiben, und zwar um den Preis andauernder Verwechslungen und peinlicher Missverständnisse.« So weit die Passage eines ausführlichen Briefes »nach geglücktem Freiwerden«.

Die Korrektur des Lebensstils (im Sinn von Alfred Adler und dessen Individualpsychologie) betrachtete der lebensbejahende Mensch »zur Hauptsache als eine höchst notwendige Horizonterweiterung. Man bringt dann auch den Mut zu Neuem auf, ist interessiert, verkrampft sich nicht mehr, will vor allem endlich dazugehören.« Hier sind ganz konkrete Erfahrungen mit sich und den anderen äußerst treffend formuliert.

In sämtlichen Einzelheiten unseres Daseins wirkt sich die Vorstellung von einem Ganzen aus. Allem, was wir tun, aber auch (selektiv) wahrnehmen, liegt immer ein bestimmtes Wertkonzept, und zwar als Beurteilungsschema, zugrunde. Eine Absolutheit kommt diesem aber niemals zu. Das Minderwertigkeitsgefühl ist nach Adler deshalb ein »Segen«, weil wir uns dann nicht mehr mit Bestehendem und Gegebenem fraglos abfinden. Rechthaberische Menschen sind, was ihre lächerliche Selbstüberschätzung anlangt, wirklich nicht zu beneiden.

Der Lebensstil bildet sich schon in frühester Kindheit, denn wir bedürfen von Anfang an eines psychosozialen Orientierungsrahmens. Eindrücke müssen geordnet, Handlungsweisen geplant werden. Andernfalls würden wir von inneren und äußeren Reizen, Zufälligkeiten, Willkürlichem überwältigt, aus der Bahn geworfen, vergewaltigt. Es gibt aber auch so etwas wie eine überindividuelle Ganzheit, an der wir teilhaben, für die wir bis zu einem gewissen Grad zumindest eine Mitverantwortung tragen.

Menschen, die jegliche Veränderung scheuen, laufen nach Alfred Adler ihren eigenen Ohrfeigen nach. Für gewöhnlich verändert sich die Perspektive im Lauf der Zeit. Andererseits muss gesagt werden, wir machen immer nur die Erfahrungen, mit denen wir rechnen, für die wir bereit und auf die wir eingestimmt sind.

Verdrängte Gefühle besitzen keine bewegende und erneuernde Kraft. Sie sind einer Art Konservierung zum Opfer gefallen. Der unangemessene, jeglicher Veränderung entzogene Lebensstil muss eigentlich mit einer ausgesprochenen »Lebensverunstaltung« gleichgesetzt werden (E. Ringel).

Als Gesundheitskriterium erweisen sich nach Adler die drei großen Fragen (Aufgaben), vor denen ein Mensch entweder zurückweicht oder durch deren allmähliche Lösung er zu seiner Selbstverwirklichung gelangt. Der Wille, zum Wohl der Allgemeinheit nach Kräften beizutragen, muss damit stets verbunden sein. Andernfalls bliebe »Selbstverwirklichung« ein mehr oder weniger aggressives Schlagwort ohne Inhalt. Die drei Fragen – jeweils in ganz konkreter Form – betreffen:

• Gemeinschaft, und zwar in Form von Kommunikation und Kooperation. Ein Mensch fühlt sich dann als Teil eines sozialen Ganzen, ohne dadurch seine Persönlichkeit einzubüßen.

- Beruf, die Bereitschaft, sich nützlich zu machen, ist gemeint, ferner zur dialogischen Wechselseitigkeit, zugleich aber auch der Verzicht auf Prestigedenken und Starallüren.
- Liebe, die hauptsächlich in einer Geschlechtspartnerschaft ihre Verwirklichung findet. Sie bedarf unbedingt einer Ebene der Gleichwertigkeit (trotz der notwendigen Andersartigkeit der Beteiligten).

Ein Streben nach Überlegenheit (möglicherweise infolge von elterlichem Ehrgeiz) hätte unweigerlich als eine ausgesprochene Fehlkompensation alters- und umständebedingter Mängel zu gelten. Sowohl der Unterlegene als auch der Überlegene bleiben dann mit sich allein, sind vom sozialen Ganzen ausgeschlossen, dadurch im leib-seelischen Gleichgewicht akut bedroht.

Der Lebensstil umfasst Zielvorstellungen, Verhaltensmuster, spezifische emotionale Tönungen. Adler spricht übrigens in nahezu gleicher Bedeutung auch von einem Bewegungsgesetz oder einer bestimmten »Gangart«. Damit ist die dynamische Komponente ganz besonders hervorgehoben. Eine diesbezügliche Selbsterkenntnis gewinnen wir:

- Durch die Art, wie wir auf soziale Herausforderungen reagieren, wegschauend oder zupackend, aus einem übertriebenen Sicherheitsstreben oder in Form deckungsloser Offenheit.
- Kindheitserinnerungen spielen eine große Rolle. Nicht rein zufällig kommt uns plötzlich eine bestimmte Szene ganz deutlich in den Sinn. Dadurch schwindet möglicherweise der Verdrängungszwang.
- Durch Träume kommen wir mit unseren Gefühlen in Berührung; sie werden uns in dramatisierter Form zugänglich. Mancher Wunsch kann sich hier manifestieren (verantwortlich sind wir für allerlei geträumte Skurrilitäten allerdings nicht).

Eine Modifikation (Kurskorrektur hinsichtlich Selbststeuerung) ergibt sich aus der Tatsache der Entwicklung, wenn der personale Faktor vorherrscht, durch immer neue Lebensumstände, vor allem mitmenschliche Begegnungen – sofern wir uns auf diese ganz einlassen.

Im Falle einer neurotischen Erstarrung bedarf es der Lebensstil-Korrektur, und zwar im Allgemeinen mittels psychotherapeutischer Unterstützung. Es handelt sich um ein Begleiten – aus der Sackgasse oder dem ständigen Kreisen. Schande ist es keine, sich einer solchen Arbeit zu unterziehen.

Wenn ein Mensch stets ängstlich, starr und zurückhaltend reagiert, wird er aufgrund der gleichen falschen Prinzipien immer wieder ähnliche leidvolle Erfahrungen mit sich und seiner Umwelt machen. Durch allerlei Geheimlehren, die neuerdings wieder gefragt sind, gerät er womöglich immer tiefer in eine psychosoziale Verelendung hinein. Ohne echte Einsicht in das Verfehlte findet keiner aus dem Teufelskreis heraus.

Ein junger Mann (21) war rein zufällig mit dem »rechten Lager« in Berührung gekommen. Allmählich merkte er aber, was dort gespielt wurde. Ursprünglich war er für die freundliche Aufnahme ausgesprochen dankbar. Buchstäblich im letzten Augenblick gelang ihm der Absprung, ehe er durch Teilnahme an einem geplanten Verbrechen den Faschisten verfallen wäre. Als unbewussten Grund für die Ansprechbarkeit von dieser Seite kamen ihm schließlich seine Großeltern, »immer noch glühende Nazis«, in den Sinn. Er war entsetzt, wie sehr diese Geisteshaltung offenbar schon von ihm Besitz ergriffen hatte, ohne dass ihm das vorher bewusst war. Meine tiefe Erschütterung richtet sich auf das gegenwärtige Wiederaufleben einer solchen Gesinnung und Tatbereitschaft.

Nicht durch Rückzug gewinnen wir im Leben echte Sicherheit, einzig im Vertrauen, wobei Selbstliebe und die Hingabe an den Nächsten zusammengehören. »Die Liebe ist im Prinzip unteilbar«, stellt Erich Fromm fest. Erst durch sie können äußere Trennung und innere Entzweiung wirklich überwunden werden.

Zwischen Egoismus, das heißt einer Liebesverweigerung, und dem emotionalen Unvermögen ist scharf zu unterscheiden. Mit moralischen Anschuldigungen wäre keinem geholfen. Wir können in einem Menschen durch solidarisches Verhalten die Hoffnung wachrufen, damit Zukunft für ihn aussichtsreich erscheint, er die Hände nicht mehr vors Gesicht halten muss.

Es bedarf in Theorie und Praxis dazu unbedingt einer kräftigen Aufwertung der Willensfreiheit, stelle ich hier abschließend in aller Deutlichkeit fest. Dann wird in der Erziehung statt des Gehorsams hoffentlich immer mehr die Verantwortung eine ganz entscheidende Rolle spielen. Die Untergebenen-Rolle lässt sich ein solcher Mensch dann nicht mehr länger aufnötigen.

4. Auf dem Weg zur Selbstbestimmung.
Um eine konkrete Orientierungsmöglichkeit bemüht sein

Ein Gefangener verspürt zunächst nur den inständigen Wunsch, von seinen Fesseln und der räumlichen Enge endlich frei zu werden. Sich dagegen ganz persönlich für etwas, vor allem aber für jemanden zu entscheiden und einzusetzen, stellt die Willensfreiheit in ihrem innersten und eigentlichen Wesen, zugleich deren Hochform dar. Unser Wollen ist jedenfalls immer auch eine Stellungnahme zum Mitmenschen, selbst wenn es dabei um Sachen geht.

Gemeinschaftsfähigkeit als Einsatzbereitschaft hat somit als der Entwicklungsmaßstab schlechthin zu gelten. Das bedeutet, die Abhängigkeit des Säuglings und Kleinkindes von seinen Pflegepersonen müsste ganz allmählich einem gegenseitigen Aufeinander-Angewiesen-Sein weichen. Eltern »opfern« sich nicht auf, sie fühlen sich hoffentlich beschenkt und beglückt – durch das Lächeln, die Zuwendung, aber auch merkbare Lernschritte des Kindes, welche zunehmend dessen eigenen Lebensweg betreffen.

Selbstsein wird andererseits als Abwendung vom Nächsten vollzogen, wenn dieser sich vorwiegend als Vorgesetzter, Machthaber, Besserwisser gebärdet. Vor allem eine Ungleichbewertung von Mann und Frau, ebenso Verschiedenaltriger, führt zu dem sehnlichen Wunsch nach einem Ausbruch, dem Abschütteln des lästigen Unterdrücktseins, der unzumutbaren Untertanenrolle.

Sich für jemand anderen nützlich zu machen, so etwas kommt dem ehemals Geknechteten zunächst leider gar nicht in den Sinn. Er ist einer falschen Selbsteinschätzung ausgesetzt. Für ihn zählen immer nur die Wertunterschiede.

Was die Bestimmung anlangt, so handelt es sich um etwas Verpflichtendes, ein eigenständiges, zugleich verantwortliches Festlegen – im Gegensatz zu Launen, der Konsumgier, Willkür und

Beliebigkeit. Der Stimme kommt dabei eine wichtige Bedeutung zu: man spricht klar und deutlich aus, wofür man sich entschieden hat. Der dialogische Charakter dieses Vorgangs klingt damit an.

Stimmen im Sinn von Richtigkeit und Stimmung als Ausdruck der Gemütslage, darüber hinaus ein Übereinstimmen mit anderen, stehen nicht nur sprachlich einem Vorgang nahe, der die Bewegung, aber auch den Sinn des Lebens betrifft (diesem wichtigen Thema ist ein eigenes Kapitel gewidmet).

Als ich einem besorgten Vater aus Überzeugung versicherte, seine Tochter hätte im Verhältnis zu einer ihrer Mitschülerinnen eine beachtenswerte Reife bewiesen, meinte dieser: »Damit kommt man heute nicht weit.« Das Mädchen nahm sich einer Kollegin ermutigend an, die mit Rauschgift in Berührung gekommen war, nachdem sie zuvor »irgendwie den Halt verloren« hatte.

Die Berufsvorstellung seines einzigen Kindes, Sozialarbeiterin zu werden und vorerst an der Betreuung von Straßenkindern in Südamerika mitzuwirken, stieß bei dem Mann auf völliges Unverständnis. »Ich habe mich ganz von unten hochgearbeitet und sie möchte sich jetzt gerade mit dem Gesindel abgeben. Das verstehe ich einfach nicht.« Ich konnte dem Menschen zunächst leider nicht über seine (durchaus verständlichen) Vorurteile hinweghelfen.

Selbstbestimmung wird häufig aufstiegsorientiert betrachtet. »Es zu etwas bringen«, schwebt vielen dabei vor. Falls das Übertreffen anderer an erster Stelle steht, der Ehrgeiz dominiert, droht einem solchen Individuum die Isolation. Böswilligkeit anderer stößt es vielleicht von dem mühselig erklommenen Podest herunter. Mir ist durchaus bewusst, dass ich damit dem Trend der heutigen Leistungsgesellschaft klar und deutlich widerspreche.

Die Erfolgsgeneration gibt es übrigens schon lange nicht mehr. Trotzdem geht es hier nicht darum, aus der Not eine Tugend zu machen. Als entscheidender Maßstab wäre das psychosoziale Wohlbefinden zu betrachten, letztlich eine ganz persönliche Sinnerfüllung im Verhältnis zu anderen Menschen – im Gegensatz zur neurotischen Seelennot des Vereinsamten (dahin kann man auch ohne eigene Schuld gelangen).

Wenn wir Bewegung als Emotion, als ein gefühlhaftes Geschehen ansehen, so stellt sich gerade dieses immer auch im Verhältnis zur sozialen Umwelt dar. Annäherung, schließlich ein In-Berührung-Kommen mit dem Nächsten, ist damit gemeint. Wer andererseits um Selbstüberschätzung bemüht ist, muss Kontakte notwendigerweise meiden, darf sich nicht in die Karten schauen lassen. Eigentlich belügt er damit ständig auch sich selbst.

Vergleiche können zuungunsten eines solchen Menschen ausfallen. Dadurch würde seinen Illusionen ein rasches Ende zuteil. Einer, der, aus welchem Grund auch immer, zur Selbstüberschätzung neigt, kann sich Aufgeschlossenheit und Herzensgüte nicht leisten. Die einzige Bewegung, zu der er sich ständig veranlasst fühlt, ist eine Art irrationale Kletterpartie, der (asoziale) Aufstieg, das unentwegte Mehr-sein-Wollen, ein Übertreffen anderer.

Zu der Thematik, die den Weg betrifft, welcher lebenslang der Identifikationsfindung gilt, beziehe ich mich auf eines meiner Bücher. Es trägt den Untertitel »Über Mensch-Werden handlungsorientiert nachdenken« und beschäftigt sich ausführlich mit der Sinn-Frage – in praktischer Hinsicht. Nahezu ausschließlich werden dort ein gemeinschaftliches Bemühen, Zusammenarbeit, nicht aber der Wettbewerb angesprochen.

Erkenntnisse infolge von Denkweisen haben immer Einfluss auf unser Handeln. Umgekehrt ist ein Mensch auf Nachplappern angewiesen, wenn ihm eigenständiges Tätigsein verwehrt bleibt, und zwar durch ständiges Gehorchenmüssen, das heißt eine aufgezwungene Fremdbestimmung. »Die menschliche Natur verträgt aber keine permanente Unterwerfung. Die Menschheit hat sogar ihre Götter gestürzt. Gefühle des Erniedrigt- und Herabgesetztseins wecken den Wunsch nach Vollkommenheit«, lautet eine äußerst nachdenklich stimmende Feststellung von Alfred Adler.

Nicht erst der Jugendliche, bereits das Kind wünscht sich einen gewissen Freiraum, die Möglichkeit, selber Erfahrungen zu machen. Wird ein solches Streben als Auflehnung gedeutet und reagieren Eltern oder Erzieher mit purer Entrüstung, sprechen von »Undank«, kann es sein, dass sich dadurch beim Betroffenen, in die Enge Getriebenen ein Zwangsgewissen bildet. Oder der Heranwachsende ist schlau genug, gewöhnt sich an Falschheit und Verstellung, spielt die Rolle des »braven Kindes«, um die Gunst der Obrigkeit durch Selbst-sein-Wollen nur ja nicht unnötig aufs Spiel zu setzen.

Die Imperative so manches Erziehungspraktikers, der Notendruck in der Schule, das geäußerte angebliche Enttäuschtsein vonseiten der Obrigkeit, als ob es sich um einen völlig hoffnungslosen Fall handelte, all das wirkt entmutigend. Die Sinnfrage kommt dabei den »Vorgesetzten« nicht in den Sinn, diverse Antwortmöglichkeiten ignoriert man besserwisserisch, weil der Heranwachsende als Mitmensch gar nicht ernst genommen wird.

Die notwendige Ablösung (»Abnabelung«) und ein allmähliches Sichverselbstständigen dient der Ichfindung. Es ist sehr oft mit Ängsten und Zweifeln durchsetzt. Die gelegentliche Anmaßung stellt nicht selten eine Maske des völlig Ratloseins dar. Wenn heute vielfach eine Verkürzung der Kindheit und eine Verlängerung des Jugendalters zu beobachten ist, zeigt sich darin eine zweifache Not: mangelnde Geborgenheit im frühen Alter (was für Kinder eine Notwendigkeit darstellt, wäre für den Erwachsenen eine Fessel), andererseits weitgehend fehlender Mut, weil nämlich der legitime »Anspruch an sich selbst« durch Erzeugen von Schuldgefühlen bestraft wurde (W. J. Revers).

Unter dem einschüchternden Eindruck anonymer Machtstrukturen, des Ausgeliefertseins an sie, der herrschenden Ungerechtigkeit (worauf nicht zuletzt blamable Korruptionsfälle bei Hochrangigen hinweisen) ist es durchaus naheliegend, Selbstbestimmung als Abschütteln eines Sklavenjochs zu betrachten. Damit hat ein Mensch sich noch nicht für eine Aufgabe frei entschieden. Das Wort Selbstverwirklichung hätte keine so aggressive Note, wenn es keine Gründe für ein Ohnmachtsgefühl (nicht nur infolge eines erdrückenden Männervorrangs im Berufsleben) gäbe.

Reifung ist immer ein Prozess. Hier geht es, falls nicht eine tendenziöse Vernebelung das menschliche Denken befallen hat, vorrangig darum, ob all der Irrwege, Fehlentscheidungen, angerichteten

Schäden und versäumten Möglichkeiten nicht zu verzweifeln. Im Übrigen wächst die Hoffnung aus dem eigenen Unvermögen, wenn man sich nicht alleingelassen fühlt und selbst auch andere Menschen nicht im Stich lässt.

Altersangaben sagen über die personale Beschaffenheit oft recht wenig aus. Nur wer ausschließlich klischeehaft denkt, verlässt sich auf die »Altersgemäßheit«, ein Begriff, der allenfalls beim Spielzeugeinkauf von Nutzen sein mag, im Unterricht aber nichts verloren hat. Welcher Maßstab soll also hier zur Anwendung kommen? Gar keiner, behaupte ich, wenn dadurch unterschiedliche Eigenschaften fälschlich zu Wertunterschieden umfunktioniert würden, man die Zusammengehörigkeit sämtlicher »Altersstufen« ignoriert, diese schonungslos in ein Vertikalschema presst.

»Das Kind soll ein Mitmensch werden, kein Gegenmensch«, fordert Adler. Der Erzieher wäre an beidem wahrscheinlich nicht ganz unbeteiligt. Allzu leicht wird aus dem altersbedingten Minderwertigkeitsgefühl, das durchaus ein Lernantrieb sein kann, etwas Destruktives, geradezu Schicksalhaftes. Das Urteilen sollte man besser dem Richter überlassen, andernfalls wird leicht eine selbst-erfüllende Prophezeiung daraus (»Aus Dir wird niemals was Rechtes werden«). Wer so sein darf, wie er ist, auch sich selber in Bezug auf Alter, Geschlecht, körperliche und seelische Beschaffenheit voll akzeptiert, hat es nicht nötig, seine Unzufriedenheit an anderen in destruktiver Weise »abzureagieren«.

Auch die Identitätsfrage kommt hier in Sicht. Wir unterscheiden der Klarheit halber eine Rollen-Identität von einer Ich-Identität. Mit Letztgenannter ist dialogische Wechselseitigkeit eng verbunden. Aufgrund der Rollen-Identität (zum Beispiel im Berufsleben) bin ich andererseits der, für den mich die anderen halten. Mein eigentliches Wesen reicht jedoch im Allgemeinen wesentlich weiter. Festlegen möge man einen Mitmenschen besser nicht auf bestimmte Eigenschaften und Dienstleistungen. Es ist darüber hinaus aber sehr wünschenswert, die beiden Identitätsarten nicht auseinanderzudividieren, sie jedenfalls nicht gegeneinander auszuspielen.

Extreme wären niemals von Vorteil. Aus dem Querdenker kann ein Sonderling werden (und aus dem Angepassten ist bereits ein Langweiler geworden). Die Rolle bildet einen Rahmen, das Bild ist hoffentlich eine Eigenleistung, nichts Nachgeahmtes. Ein »Dienst nach Vorschrift« wäre etwas gänzlich Ungenügendes. Niemals findet ein Mensch seine Eigentlichkeit durch andauerndes Abgesondertbleiben, vielmehr, um mit dem Philosophen Martin Buber zu sprechen, im »Zwischen«. Somit wäre dringend eine ganz konkrete Sozial-Dynamik vonnöten.

Gemeint ist damit etwas, das uns verbindet, aber ebenso etwas, das jeder selbst zu einer Einigung (als Annäherung oder Aussöhnung) beizutragen vermag. Aus psychoanalytischer Perspektive misst E. H. Erikson dem Jugendalter diesbezüglich eine ganz besondere Bedeutung zu. Die »Integration«, die zu dieser Zeit erfolgen müsse, sei wesentlich mehr als die Summe der Kindheits-Identifikationen. Die Ich-Identität an der Schwelle zum Erwachsenenalter setzt umgekehrt die Vertrauensbasis der ersten Stufe notwendigerweise voraus.

Daraus resultiert die ganz besondere Bedeutung der Mutter. Sie ist der »erste Mitmensch«, darf (nach Adler) in dieser Eigenschaft das Gemeinschaftsgefühl des Kindes aber »keinesfalls bei sich münden lassen«, es ganz für sich behalten wollen.

Identität fassen wir besser nicht als eine statische Größe auf. Sie ist in etwa gleichzusetzen mit dem jeweiligen Ergebnis von Selbstbestimmung. Der Verlust eines diesbezüglichen Gefühls setzt das Individuum seinen alten Kindheitskonflikten aus, bewirkt eine Regression, macht Menschen dann neurotisch. Einem starren Zyklusdenken redet Erikson übrigens nicht das Wort, gerade im Hinblick auf einen Wandel der Kultur ist das nicht der Fall. Sogenannte Primitivkulturen kennen jedenfalls kein Jugendalter.

Die Biographie eines Menschen ist durch die jeweilige Phase seines Lebenszyklus keineswegs vorgezeichnet. Es handelt sich immer um seinen ureigensten Lebenslauf, und zwar in Auseinandersetzung mit den Menschen seiner näheren und ferneren Umgebung. Nicht so sehr der »Sprachschatz« eines Kindes erweist sich als ausschlaggebend für seinen weiteren Weg, sondern zunächst und vor allem seine Dialog-Bereitschaft, die über etwaige schichtspezifische Sprachbarrieren weit hinausreicht.

Es gibt Grundsätze, die uns das Denken zu ersparen scheinen. Dabei handelt es sich um Leitvorstellungen, um deren Widerlegung wir uns vor allem im praktischen Leben unbedingt bemühen sollten. Albert Ellis hat in dankenswerter Weise eine Reihe dieser unseligen, weit verbreiteten Formeln zusammengestellt:

- *»Ich muss alles richtig machen.«* Dem ist mit allem Nachdruck zu entgegnen: Gerade aus Fehlern lernt man am meisten, wenn man diese nicht ständig wiederholt und auch nicht zu stolz ist, sich auf Schwachstellen aufmerksam machen zu lassen.

- *»Mich müssen alle Menschen gernhaben.«* Die Angst vor Liebesverlust zwingt häufig zur Falschheit, macht einen Menschen außerdem manipulierbar. Vor allem der Erwachsene will hoffentlich selber aktiv lieben, nicht immer nur dankbarer Empfänger von diversen »Streicheleinheiten« sein.

- *»Ich bin stets von äußeren Umständen abhängig.«* Schicksalsgläubigkeit und -ergebenheit sind nicht allzu weit voneinander entfernt. Doch gerade ein Hindernis als Herausforderung kann zeigen, was in einem Menschen wirklich steckt.

- *»Bestimmte Menschen sind böse, müssen daher bestraft werden.«* Diese infantile Schwarz-Weiß-Malerei scheint Grausamkeiten aller Art zu rechtfertigen. Die Leidenschaft des Bestrafers dürfte übrigens meist projektiver Natur sein. Sie ist dann ein Ausdruck von Selbsthass.

- *»Es ist leichter, Schwierigkeiten auszuweichen, als sich ihnen zu stellen.«* Wehleidigkeit und Verantwortungslosigkeit bilden hier eindeutig den Hintergrund. Ohne Frustrationstoleranz wird es ein Mensch in der heutigen Welt ziemlich schwer haben.

- *»Man braucht immer jemanden, an den man sich halten kann.«* Im Führerkult (Hitler gegenüber) triumphiert die Unmündigkeit. Demokratisches Zusammenleben verträgt eine solche Geisteshaltung nicht, was auch eine vorrangige Verpflichtung für Erziehung darstellt.

- *»Es gibt für jedes Problem eine richtige Lösung.«* Wir haben es hier mit einer Behauptung zu tun, die auf ein Patentrezept ausgerichtet ist. Der Mensch wird dadurch (zum Beispiel auch durch bestimmte »Erziehungsratschläge«) in ein Schema gepresst, seiner Bewegungsmöglichkeit beraubt, entmündigt.

Die Selbstgestaltungskraft ist wesentlich größer, als uns unter so mancher einschüchternden Suggestion bewusst wird. Wir haben uns häufig – nicht nur in den ersten Lebensjahren – mit einem Mangel an Wissen und Können abzufinden. Ganz wichtig ist, dass die Person gerade in ihrer Beziehungsabhängigkeit auf die unabsehbaren Möglichkeiten hin produktiv offen bleibt. In diesem Zusammenhang erscheint mir die strikte Ablehnung von prägenden Menschenbildern durch O. F. Bollnow besonders schätzenswert.

Selbst die Wege eines Alleinstehenden kreuzen sich immer wieder mit denen anderer Menschen. Es gibt Begegnungen, Gespräche, so manche Gemeinsamkeiten. Das isolierte, völlig auf sich gestellte Ich wäre gar nicht lebensfähig. Wer behauptet, dass er »niemanden braucht«, reagiert lediglich auf erlittene Rücksichtslosigkeit oder Verständnislosigkeit, und zwar gekränkt und verärgert. Sich selbst abzusondern und andere auszugrenzen, ist ein pathologisches Phänomen.

Auf Partnersuche befinden sich nicht nur Heiratswillige, es handelt sich um ein menschliches Grundanliegen schlechthin. Aus anthropologischer Perspektive werden wir uns mit Anziehungskraft infolge eines »Triebes« wohl nicht zufriedengeben können. Gegen eine gewisse Einseitigkeit wäre einzuwenden, dass ein Streben nach Lust (als Spannungsausgleich) zu unspezifisch für das ist, was Geschlechtspartner zusammenführt und über längere Zeit verbindet. Irgendeiner Form von Prüderie oder einem Keuschheitswahn stimmen wir mit dieser Feststellung nicht zu.

Selbst wenn die Form des Zusammenlebens, zuvor die Annäherung zweier Menschen, wandelbar sein mag, so bedarf es umgekehrt der Kultur als einer Formkraft, damit die Geschlechterliebe der Unverbindlichkeit und dem Egoismus so weit als möglich entzogen bleibt. Wenn Moralvorstellungen den Sex herabsetzen, verachtenswert erscheinen lassen, sind sie mit Sicherheit ideologischer Natur. Sie bezeugen dann einen unverschämten Machtanspruch auch auf den Intimbereich, würden es verdienen, bewusst ignoriert zu werden, selbst wenn Sanktionen angedroht sind.

Eine Festlegung (in Form der Selbstbestimmung) darf ein Ergänzungsbedürfnis keineswegs überflüssig machen. Nur wenn dieses über einen juristischen oder sakramentalen Akt hinaus, nämlich die feierliche Eheschließung, wirksam ist, bleibt Partnerschaft lebendig, wachstumsfähig. Außerdem wäre dadurch die Identität jedes Einzelnen einigermaßen sichergestellt.

Karl Jaspers drückt sich unmissverständlich folgendermaßen aus: »Die Momente der Liebe vollenden sich, wenn sie sich vereinen, sie verderben, wenn sie sich isolieren«. Am größten ist die Destruktivität, sollte »in der Liebe aber die Unterwerfung des anderen gesucht werden« (A. Adler). Ich möchte hier geradezu von Perversität sprechen. Eine Variante von Sadismus und Masochismus ist dann gegeben.

Nirgendwo wirkt sich das Machtprinzip (»Teile, um zu herrschen«) derart unheilvoll aus wie im Verhältnis der Geschlechter. Dem Solidaritätsprinzip – im Sinn von »Teile, um zu helfen« – wäre nicht nur innerhalb von Ehe und Familie Vertrauen zu schenken. Nur auf diese Weise gewinnen alle Beteiligten die Kraft, auf eine Ganzheit hin unterwegs zu sein, welche personale und soziale Aspekte aufweist. Die Ausdruckskraft ist entscheidend, auf irgendwelche starren Formeln verzichten wir besser.

»Zwei Beobachtungen haben mich im Kindergarten erschüttert«, gestand mir eine Schülerin. »Dass manche Kinder bereits seelisch geschädigt, total eingeschüchtert sind. Andere besitzen eine staunenswerte Selbstsicherheit«. Insbesondere beim Malen war sie beeindruckt vom präzisen Ausdruck, wodurch jede Frage, was denn das sei, überflüssig wurde, sich als peinlich erwiesen hätte. »Der Sinn war völlig klar: Das bin ich«, meinte eine andere Schülerin beim Anblick einer Kinderzeichnung voller Bewunderung für den Buben und sein gelungenes Werk. »Aber hoffentlich offen für jedes weitere Du«, habe ich damals aus vollster Überzeugung hinzugefügt.

Der andauernde Zweifel am eigenen Wert verhindert Partnerschaft, verführt dazu, sich auf Kosten eines anderen überlegen zu fühlen. Es wäre auch hier vonnöten, mehr an die anderen und weniger an sich selbst zu denken. Nicht so sehr um eine Tugend handelt es sich dabei, viel eher um einen weiteren Horizont, ohne den Selbstbestimmung jammervoll ausfallen müsste, nämlich verkrampft und ausschließlich monologisch.

Reif für die Liebe, das ist keineswegs nur eine Frage des Alters, weit eher der Bereitschaft, auf einen anderen Menschen einzugehen, sich ihm hinzugeben, ohne sich selber preiszugeben. Das Selbstwertgefühl wächst mit der Einfühlung. Ob in Zukunft noch monogame Verhältnisse die Oberhand behalten, der »Seitensprung« weiterhin auf Empörung stößt oder ein Partnerwechsel grundsätzlich toleriert wird, vermag ich nicht zu sagen. Persönliche Abmachungen – über eine offene Beziehung oder das herkömmliche Modell – müssten das Wohl der Kinder berücksichtigen.

5. Denken als Problemlösen.
Vielfalt, Unterschiede und Gemeinsamkeiten geistiger Vorgänge

Ganzheit – sowohl der Person geltend als auch für die Allgemeinheit von besonderer Bedeutung – betrifft ein Denken in Zusammenhängen. Diese müssen entweder entdeckt oder aber erst neu geschaffen werden. Dabei gilt es, für ein reiches Erbe dankbar, lernbereit und darüber hinaus um eine Mehrung bemüht zu sein. Man spricht heute – nicht nur im Hinblick auf ökologische Belange – von Vernetzung (Fritjof Capra).

Dass Theorie und Praxis zusammengehören, einander bedingen, kann nicht oft genug betont werden. Der Vorgang des Denkens würde zur unnötigen gedanklichen Spielerei ohne einen Bezug zur Realität, dem alltäglichen Leben. Jegliche Abstraktion hängt mit dem ursprünglichen Konkreten eng zusammen

Natürlich stellt auch das Erinnerungsvermögen, die Merkfähigkeit, eine geistige Kostbarkeit dar. Alte Menschen leiden unter ihrer Vergesslichkeit. Die Vorstellungskraft erweist sich außerdem als sehr schätzenswert. Durch sie erfolgt eine Vergegenwärtigung einstmals empfangener Eindrücke. Doch richtig nachzudenken beginnt ein Mensch immer erst, wenn er auf Hindernisse stößt, nicht mehr weiterweiß, nach einem Ausweg sucht, ganz intensiv um die Lösung eines Problems bemüht ist.

Wir sind, was In-Bewegung-Bleiben anlangt, gerade hier mit einem zentralen Anliegen konfrontiert. Aber auch auf die psychohygienische Relevanz ist hinzuweisen, weil Bewusstsein und Unbewusstes zusammengehören. Einzig der Hochmut würde die Tür verrammeln zu Eindrücken aus der Kindheit, den einst konservierten Ängsten, darüber hinaus der vitalen Basis, diversen Emotionen und Affekten samt erheblicher Verletzbarkeit.

Selbstkritisch ist darauf zu achten, den nachfolgenden Generationen nicht nur bezüglich Umwelt keine zu großen Probleme in Form von Belastungen und Defiziten zu hinterlassen. In mehrfacher Hinsicht ist ein Weitblick dringend gefordert. Der Kindergarten wird dem oft besser gerecht als die Schule mit ihrem meist allzu engen bürokratischen Reglement.

Menschen in unseren Breiten erweisen sich im Vergleich zu früher als wesentlich gesundheitsbewusster. Nicht etwa nur der Bio-Boom, auch die Zunahme des Durchschnittsalters deutet darauf hin. Bezüglich des Seelenlebens begnügen sich viele aber immer noch mit (nicht selten unverstandenen) Schlagworten. Manch einer hält sich für den geborenen Menschenkenner. In Wirklichkeit lässt ein solcher sich in seinem Denken, Reden, Tun lediglich von unreflektierten Empfindungen und allerlei verbreiteten, völlig ungerechtfertigten Vorurteilen leiten.

Sollte dieses Buch auch zu einer Neubewertung des Hausverstandes beitragen, erschiene mir das jedenfalls als höchst wünschenswert. Ein solches Denken darf nämlich nicht mit Tradition und Konvention gleichgesetzt werden. Schon gar nicht handelt es sich um etwas Instinkthaftes – gleichsam »aus dem Bauch heraus«.

Die Welt auch mit den Augen des anderen sehen (zum Beispiel eines Kindes), somit ein Einfühlungsvermögen, gehört in besonderer Weise dazu.

Wir haben es mit einem integrativen Vorgang zu tun, der in erster Linie das Zusammenwirken von Herz und Verstand betrifft, darüber hinaus ein Ineinander-Greifen von Rationalität, Freiwilligkeit und Emotionen. Außerdem ist ein hohes Maß an Taktgefühl vonnöten (weit weniger Berechnung und Logistik). Was den Takt betrifft, so bedeutet das vom Wortsinn her ein persönliches In-Berührung-Kommen (lat. tangere), liebevolle Annäherung statt eines heute weitverbreiteten neutralistischen Abstandhaltens in einer Gesellschaft von lauter Hampel-Männern und frustrierten Frauen.

Mein Lehranalytiker, Prof. Erwin Ringel, versicherte mir einmal, dass Identifikation nicht immer ein Abwehrmechanismus zu sein braucht. »Es kann sich auch um den Versuch handeln, mit dem anderen Menschen zu sehen, eines Sinnes zu werden. Trotz der Bereitwilligkeit dazu bleibt immer noch genug Stoff für diverse Entzweiungen.« Auch wenn Erwin Ringel (1921–1994) schon lange tot ist, denke ich an diesen Mann mit großer Dankbarkeit. Oft frage ich mich, was er (zum Beispiel in einem Therapiefall oder zu einer fatalen politischen Lage) in seiner temperamentvollen Art geäußert hätte.

Zuweilen empfiehlt man entmutigten Menschen das »positive Denken«, ohne allerdings einen bestimmten Inhalt anzugeben. Damit ist dann ein zusätzliches Problem vorhanden, nicht aber die erhoffte Lösung. Dass schädliche, zum Beispiel gehässige, rachsüchtige Gedanken zu meiden sind, möge sich ruhig allmählich herumsprechen. Erforderlich wäre vor allem die Überwindung des Grübelns, und zwar zugunsten von gelebter Mitmenschlichkeit.

Wer sich gedanklich mit einem anderen Menschen in Verbindung setzt, gewinnt Zuversicht, vielleicht auch einen Durchblick, abgesehen von der dadurch eingeleiteten Annäherung. Positiv hieße dann wohl in erster Linie, die soziale Zugehörigkeit bejahen und daraus neue Kraft schöpfen.

Der Reflex des Wegschauens bedarf jedenfalls einer Überwindung. Wir sollen uns betroffen fühlen, auch wenn uns keine Eingreifmöglichkeit zur Verfügung steht. Es bedarf oftmals erst einer inneren Annäherung, ehe man einander auch im direkten Umgang wirklich nahekommt, für den anderen Menschen dann Verständnis aufbringt, sich mit jemandem zu identifizieren vermag. Das Entfremdetsein von sich selbst bedarf ebenfalls einer Überwindung.

»Ich musste immer genau das tun, was mir angeschafft wurde, sodass ich heute oft gar nicht recht weiß, was ich selbst will, mir eigentlich wünsche«, meinte eine Achtundvierzigjährige. Nach dieser Feststellung begann die Frau bitterlich zu weinen. »Ich habe so viel versäumt«, hieß es dazu wahrheitsgetreu. Aber auch Jugendlichen bin ich begegnet, die ihrer Kindheit nachtrauern. Es gab sie nämlich nicht; sie mussten immer »brav« sein, das heißt auf eigene Antriebe verzichten, diese unterdrücken.

Merkfähigkeit, eine Art Speicherung von Wissen, wird immer noch (zum Beispiel in der Schule) maßlos überschätzt, Vergesslichkeit im Alter dann als äußerst kränkend empfunden. Etwas anderes dagegen würde unsere volle Aufmerksamkeit verdienen, nämlich eine lebenslange Frage-Offenheit. Wer sein Prestige als Besserwisser dadurch allerdings gefährdet sieht, kann sich so etwas nicht leisten.

Im sogenannten Frage-Alter bekundet ein Kind Interessen an verschiedenen Dingen, insbesondere aber Kontaktbereitschaft. Es schenkt einem Erwachsenen Vertrauen, der es hoffentlich weder belügt noch kaltherzig abweist. Allerlei »pädagogische« Zweckbehauptungen wären ebenfalls zu unterlassen, abgesehen davon, dass man Kinder oft für dümmer hält, als sie in Wirklichkeit sind.

Die Frage kann, was ihre Dimensionen anlangt (unabhängig vom konkreten Inhalt) folgendermaßen betrachtet werden: Der sachliche, auf Wissen und Können ausgerichtete Aspekt ist eng verbunden mit einem sozialen, welcher den Dialog und die Zusammenarbeit mit einschließt. Schließlich entfaltet sich drittens die Persönlichkeit eines Menschen erst durch Einsicht, Verstehen und Teilhabe.

Erkenntnisse erweitern unseren geistigen Horizont, wobei eine Spezialisierung und die Perfektheit keineswegs den höchsten Rang einnehmen. Wenn wir davon ausgehen, dass man aus Fehlern am meisten lernt, haben wir nicht etwa den behavioristischen Automatismus von »Versuch und Irrtum« im Sinn. Andernfalls erzieht man ein Kind zur Verstellung oder macht es total ratlos.

Uns interessiert hier der Denkprozess als vorrangiger Ausdruck psychischen Lebens. Vorausgesetzt ist dabei ein Hindernis, nämlich das zu lösende Problem. Wir sind dann zu einem geistigen Bemühen veranlasst. Es handelt sich entweder um Erinnerung an eine schon vorhandene Lösung oder es ist ein völlig neuer Weg zu beschreiten. Mehrere Faktoren können an einem solchen Weiterkommen beteiligt sein. Ein geistiges Probehandeln in Richtung auf Ziele ist gegeben. Dazu bedarf es einer gewissen Aufmerksamkeit (Konzentration).

Heutige Schüler sind nicht dümmer, sondern lediglich abgelenkter, gänzlich reizüberflutet. Auch ein Gruppendruck (zum Beispiel wenn gleichgeschlechtlicher Sex auf Verachtung stößt) und Rollenzwänge (beim Komatrinken …) wirken in hohem Maß schädigend.

Die bisherigen Erfahrungen und bestimmte Denkgewohnheiten spielen immer eine Rolle. Vom mechanischen Griff nach einem bestimmten Schema ist entschieden abzuraten. Vor allem die Sprache kann uns Denkwege öffnen. Physiologische Voraussetzungen dürfen hier auch nicht unterschätzt werden (Sinnesfunktionen, die Beschaffenheit des Gehirns, Vitalität insgesamt). »Begabung« wäre ein eher vager Begriff. Stimmungen und die schöpferische Aktivität der Persönlichkeit üben dagegen einen nicht zu unterschätzenden Einfluss aus.

Denken bedeutet zunächst Vergegenwärtigung, dann eine schrittweise Informationsverarbeitung, schließlich Umstrukturierung, sodass sich ein Ausweg oder Weiterkommen daraus ergibt. Eine Intuition erfolgt schlagartig. Sie ist, was ihr Zustandekommen betrifft, schwer rekonstruierbar. Objektivität wird heute oft völlig falsch beurteilt. Die Wahrnehmung soll möglichst genau sein. Aber eine Begriffsbildung (mittels Abstraktion) und die Neukombination sind immer Leistungen des Subjekts. Es ist daher ein glatter Unfug, das Wort »subjektiv« abwertend, womöglich gar als ein Schimpfwort zu gebrauchen.

Lernen durch Einsicht ist mit dem Denkprozess nahezu identisch. Es muss dabei auch auf unbewusste Einflüsse geachtet, zumindest immer damit gerechnet werden. Triebbedürfnissen (Sigmund Freud), ebenso dem Selbstwertgefühl im Verhältnis zu anderen Menschen (Alfred Adler) kommt eine ganz besondere Bedeutung zu. Die Überschätzung der Rationalität, von technischen Lösungsmöglichkeiten und auch biologischen Einflüssen (und zwar im reduktionistischen Sinn), ist tunlichst zu meiden.

Die Sinnesfunktionen zwecks Wahrnehmung erfolgen niemals rein mechanisch, reizverarbeitend, sondern immer auch selektiv und vor allem perspektivisch. Jeder »sieht« die Dinge – von seiner persönlichen Warte aus – somit immer ein wenig anders. Es ist außerdem stets ein bestimmtes Erkenntnisinteresse am Werk. An einem Umweltkontakt durch Wahrnehmen (Hören, Sehen,

Fühlen …) sind ebenfalls zahlreiche soziokulturelle Einflüsse, Teilhabemöglichkeiten und persönliche Deutungen beteiligt. Bei der Reflexion handelt es sich um ein kritisches Nachdenken über die speziellen Bedingungen des eigenen Denkvorgangs.

»Ich gerate immer an die falschen Frauen«, beklagte sich ein Patient (43). Er wollte wissen, welches »fatale Denkmuster« dem zugrunde liegen könnte. Wir stießen unter anderem auf »den Wunsch nach Selbstbestrafung« (und zwar wegen derartiger Neigungen). Vor allem gab es mehrere »Vorbilder« im Verwandtenkreis. »Ich sehne mich nach Treue, aber Verstand und Wille stimmen bei mir offenbar einfach nicht miteinander überein«, lautete die verzweifelte Feststellung des »betrogenen Betrügers«, wie er sich selbst nannte.

Einzelne Empfindungen haben als Elemente der Wahrnehmung zu gelten. Das Gedächtnis ermöglicht eine Reproduktion, darüber hinaus Gedankenverbindungen (Assoziationen). Ein Training und vor allem die entsprechende Motivation (Bedürfnisse, Notwendigkeiten, ein Wunschdenken) kommen hinzu. Der Fantasie bedarf es nicht nur für Innovationen. Ein Denkzwang würde die kreativen Fähigkeiten wahrscheinlich zunichte machen.

Schließlich sind hier noch die Begriffe und ihre Bedeutung anzuführen. Sie dienen, wenn es sich nicht um ein taktisches Manöver handelt, der Vereinfachung und Erleichterung von Denkvorgängen. Ein In-Kontakt-Kommen (Greifen) ist dabei nicht nur sprachlich angedeutet. Es ist kein Unfug, wenn Kinder manche Dinge berühren wollen, um zu wissen, womit sie es eigentlich zu tun haben.

Während das Werkzeugdenken ein gutes Vorstellungsvermögen, aber ebenso ein Problembewusstsein fordert (zum Beispiel bei einer Autoreparatur), geht das abstrakte Denken unanschaulich vor sich, und zwar logisch oder intuitiv.

Lineare oder zirkuläre Denkwege sind je nach Gegenstand möglich und wünschenswert. Schließlich kommt es zu einer Konkretisierung, und zwar als Anwendung – entweder im Objekt- oder im Humanbereich. Unsere Gedanken sind im Allgemeinen handlungsbezogen, und zwar analog zum Verbundensein von Körper und Geist.

Zu abendlicher Stunde war einst ein Volkshochschulkurs zum Thema »Bewusstsein, Wahrnehmung, Denken« angesetzt, den ich zu leiten hatte. Meine Bewunderung für die Besucher wuchs ständig. Es kamen nahezu gleich viele Männer wie Frauen, und zwar im Alter zwischen 30 und 50, lauter Berufstätige. »Ich finde es echt erfrischend, da mitzutun«, äußerte eine Geschäftsfrau (38). Eine Angestellte (32) meinte: »Das Ganze ist für mich ein echtes Abenteuer.« »Über das Denken nachzudenken, finde ich einfach toll«, urteilte ein Vierzigjähriger begeistert. Ich äußerte einmal, dass ich bei meinen Schülerinnen nur einen Bruchteil der Aufmerksamkeit fände, die bei den Kursteilnehmern gegeben ist. »Die wissen halt noch nicht so viel vom wirklichen Leben«, vermutete ein älterer Herr (67).

Die Vorwegnahme einer Lösung wird Hypothese genannt (einen gesicherten Lehrsatz nennt man These). Es handelt sich zunächst um Annahmen, die erst noch zu prüfen sind. Im Humanbereich spricht man von Vorverständnis, das im Allgemeinen einer Korrektur bedarf. Wissen als ein (vorläufiges) Ergebnis der Denkbemühungen zeigt sich uns als Teil der Kultur. Sofern es sich um etwas handelt, das man sich mit Fleiß und durch Ausdauer aneignen kann, spricht man von einem Bildungsgut.

Folgende Problemarten sind hier unterscheidbar. Das diesbezügliche Wissen kann durchaus von einer großen praktischen Bedeutung sein:

- Erklären: Dabei handelt es sich um das Ermitteln der Ursache einer bestimmten Wirkung (vorwiegend im Objektbereich)
- Erfinden: Hier werden die Bedingungen für einen erwünschten Sachverhalt hergestellt (zum Beispiel auch was eine mögliche Verständigung zwischen Kontrahenten betrifft)
- Verstehen: Ein Erfassen fremdseelischen Lebens aufgrund von Äußerungen ist gegeben (zum Beispiel auch durch Einfühlung in die Person des Autors eines bestimmten Textes).

Dabei wird erfassend (durch Einsicht in Zusammenhänge), wertend (hinsichtlich einer zu fällenden Entscheidung) oder produktiv (erneuernd) vorgegangen. Bezüglich produktiven Denkens spricht man von Denkstilen.

Es handelt sich dabei um den Unterschied von konvergierend (herkömmliche Wege) und divergierend (auf eine Vielzahl von Möglichkeiten ausgerichtet). Als Ergebnis gelangen wir schließlich zu einem Urteil. Eine Tatsachenfeststellung ist gegeben, zum Unterschied von einer moralischen Aussage (Wertung). Das klare Auseinanderhalten wirkt hier dem Verschleiern unredlicher Absichten hilfreich entgegen. Darauf möchte ich ausdrücklich hinweisen. Gleichsetzungen sind allzu oft üblich, zuweilen verhängnisvoll.

»Jede Mitteilung (Information) enthält einen Inhalts- und einen Beziehungsaspekt«, stellt Paul Watzlawick fest. Dadurch wird auf die kommunikative Funktion der Sprache ausdrücklich hingewiesen. Subjekte bekunden verbal, nämlich im Dialog, ihre Zusammengehörigkeit – auch was etwaige Lösungen betrifft. Die eigentliche Lösung ist damit angesprochen, nämlich das Einander-näher-Kommen. Wenn Menschen jedoch aneinander vorbeireden oder sich voneinander abwenden, schließlich in Schweigen hüllen, gibt es nur Konflikte, letztlich den Machtkampf, zuletzt die Vernichtung.

An der Nützlichkeit einer religiösen Botschaft, die Feindschaft erzeugt, wären ernsthafte Zweifel angezeigt. Jesus dagegen fordert ausdrücklich: »Liebet eure Feinde, tut Gutes denen, die euch verfolgen.« Seine Jünger waren im Lauf der Jahrhunderte allerdings oft völlig anderen Sinnes. Der Fanatismus galt dann in Wirklichkeit nicht der Ehre Gottes, sondern der Selbsterhöhung.

Immer ist Friede in Gefahr, wenn es keine geistige Teilhabe am Denken und Dasein des anderen mehr gibt, Werturteile zu dessen Ungunsten getroffen werden, wodurch Gefühle der Abneigung und des Hasses entstehen. Diesbezüglich versagt die Technik. Wir sind hier abermals auf ganz einfache Dinge angewiesen: Mitfühlen, die Verständigung, ein freundliches Entgegenkommen, Nächstenliebe, den Hausverstand. Wenn Politiker mehr davon hätten und über weniger Enge oder Härte verfügten, wäre allen geholfen. Vielleicht müssten dann nicht mehr so viele Kinder auf der Welt verhungern.

Außerdem gäbe es keine Fehlinvestitionen (in Form von Waffenkäufen), auch keine Atombombendrohungen.

Zuletzt sei noch auf ein Lernen durch Einsicht (zum Unterschied von Nachahmung und der Übernahme vorhandener Lösungen) hingewiesen. Einsichtnahme – als ein personaler Vorgang – ermöglicht eine Generalisierung (Übertragung auf ähnliche Fälle), Differenzierung (hier wird auf Unterschiede besonders geachtet) und den Transfer (es handelt sich um formale Bildung, wobei sich der Übungseffekt positiv auswirkt).

Nicht nur die Gegenstandserfahrung spielt hier eine wichtige Rolle, auch das Empfinden der eigenen Fähigkeiten, des Erfolgs nach aufgewendetem Einsatz und ernstlichem Bemühen. Alle diese Feststellungen wirken dann nicht mehr trocken, wenn sie in Alltags-Beispiele umgesetzt, somit veranschaulicht werden.

Einem heute weitverbreiteten Sinnlosigkeitsgefühl liegen hauptsächlich geistige Ohnmachtserlebnisse zugrunde, eine lähmende Langeweile, die gefühlsmäßige Einengung, welche bis zu einem präsuizidalen Zustand reichen kann (E. Ringel). Wir haben es in Bezug auf Denken niemals nur mit einem intellektuellen, immer auch einem existenziellen Problem zu tun.

Die wünschenswerteste Lösungsmöglichkeit bestünde in der Überwindung der Isolation, des Alleinseins, der Vereinsamung, eines zersetzenden Minderwertigkeitskomplexes. Dann können Gefühle einen heilenden Einfluss ausüben. Etwas Zwischenmenschliches »gänzlich emotionsfrei« erledigen, ist ein Unding. Einzubilden bräuchte man sich auf eine solche Abstinenz nichts. Auch Selbstüberschätzung stellt oft ein schwerwiegendes Problem dar. Zur Lösung bedarf es hier wie anderswo der Gemeinschaft.

An alledem ist das Unbewusste maßgeblich beteiligt. Man wird nicht jegliches von da herrührende Unbehagen, allen Ärger aus längst vergangener Zeit ausleben, am allerwenigsten Schwächeren gegenüber, doch sich selber die entsprechende emotionale Verfassung eingestehen, wird einer dürfen, um sich schädlichem Verdrängen fern zu halten. Wer bemüht sein muss, stets ausgeglichen zu wirken, kommt um Verkrampftsein kaum herum. Verdrängen wirkt sich verhängnisvoll aus, wenn sich ein Kind dazu gezwungen sah, immer gehorsam, angepasst, »pflegeleicht« zu sein, oder aber völlig ignoriert wurde. Das Fragealter wird zu einer ausgesprochenen Echtheitsprobe für den Erzieher, stelle ich in diesem Zusammenhang fest. Eine ehrliche Antwort vonseiten des Erwachsenen – präzise oder als eine Form der Zuwendung und Anerkennung – wirkt zuweilen befreiend und ermutigend.

Elternsprechtage sind mir in einigermaßen guter Erinnerung geblieben. Ich konnte dabei so manche familiäre Wogen glätten, Missverständnisse ausräumen, ein wenig Erste Hilfe leisten, wenn ich für beide Seiten Verständnis aufbrachte. An allem sind jedenfalls nicht immer nur die Eltern Schuld. Die Suche nach einem Sündenbock löst nie irgendwelche Probleme, verschärft nur den Konflikt – indem jemandem Schuldgefühle eingeimpft werden. Auf diese Weise sind alle Seelenkräfte blockiert, Denken am meisten.

»Mit Grübeln geht man ständig im Kreis. Ich bin damit niemals vom Fleck gekommen. Einzig Gespräche helfen wirklich, auch wenn dabei womöglich das Problem gar nicht zur Sprache kommt. Man ist nicht mehr allein, das ist das Ausschlaggebende«, erfuhr ich unlängst von einem Einundzwanzigjährigen, der sich »endlich bis über beide Ohren verliebt« hatte. Ohne den Therapiekontakt wäre er »nicht auf diese Idee« gekommen, betonte er.

Ein zeitweiliges Sichabgrenzen mag nötig sein, ein Neinsagen – sogar in der Liebe (Peter Schellenbaum), um nicht vereinnahmt zu werden. Es darf sich nur niemals um die Freiheitsberaubung eines Mitmenschen handeln, damit der andere selbst stärker wird. Liebe schließt nach Schellenbaum die Umwelt mit ein. Zu Beginn erwachen Hoffnungen. Das Gefühl muss schließlich aktiv werden, sich auswirken. »Alles, was mit dem Du zu tun hat, ist bedeutend für mich.« Kämpfen würde heißen, den Du-Bezug zu zerstören, auf diese Weise schwächer, schuldig zu werden.

Etwas erweist sich als Indikator der Destruktivität, nämlich Schadenfreude, in Verbindung damit das zugelassene Elend des anderen Menschen, der angeblich »selbst schuld« ist. Diese »Freude« ist in Wirklichkeit eine Variante des Hasses, zumindest von Missgunst, darüber hinaus einer Zerstörungswut, die den Täter hoffentlich mit Scham bestraft. Wer arm ist, von einem Missgeschick heimgesucht wurde, über den gibt es nichts zu lachen, man hilft ihm, so gut man kann. Darauf würde es ankommen, nämlich auf Gedanken des Friedens und der Versöhnung.

Zärtlichkeit verlangt – im Gegensatz zu Rohheit, Gewalt, Sadismus – viel Fantasie. Sie ist aber kein Vorrecht für Verliebte. Dann ist der Satz vielleicht auch umkehrbar. Immerhin gehört zum Denken, zu den Sinnesfunktionen und vor allem zu den sozialen Kontakten Fantasie. Andernfalls wären Härte und somit Bruchgefährdung gegeben. Ohne Fantasie bestünde unser Leben allein aus Disziplin und (auferlegter) Pflicht. Wir würden uns infolge von Wiederholungen schließlich grenzenlos langweilen.

Wer als Kind zu wenig zärtliche Zuwendung erfahren hat, dem fehlt ein Antrieb. Vielleicht muss man älter werden, um Zärtlichkeiten, die das Leben bietet, zu entdecken. Jeder hat andererseits das Recht, enttäuscht zu sein, der diese Entdeckung nicht gemacht hat, nur zu ahnen beginnt, wie wenig Zuneigung es für ihn gab. Dann weiß er, was er anderen Menschen schuldig ist, womit er sie beglücken kann, wenn sie dafür aufnahmebereit sind. Minderwertigkeitsgefühle aufgrund eines Liebesentzugs sind schmerzhafter als solche aufgrund eines Misslingens. Aus einem ganz persönlichen Grund spreche ich die Hoffnung aus, dass es bei dieser kalten Abweisung und Zurückstufung doch nicht auf die Dauer bleiben möge.

6. Der Zukunft gegenüber offen sein.
Ermutigung angesichts der Befristetheit unseres Daseins

Gerade als der, der ich noch nicht bin, werde ich der Zukunft gegenübertreten, wenn sie einmal Gegenwart ist. Planungen und gute Vorsätze haben somit ihre engen Grenzen. Das gilt auch für ein vorausschauendes Denken und Wollen, das andererseits für uns Menschen durchaus charakteristisch ist. Durch Gefühle wird einem bewusst, dass man noch am Leben ist, wobei dem Körpergefühl ein ganz besonderer Rang zukommt.

Drei Forderungen stellt O. F. Bollnow, der von der »Bildlosigkeit der Hoffnung« spricht, an den Schluss seiner Betrachtung über die Zeit. Nicht Inhaltslosigkeit ist damit gemeint, sondern das Gegenteil von Anklammern an eine fixe Vorstellung von dem, was unserer (unmaßgeblichen) Meinung zufolge noch kommen sollte:

- Sich einlassen auf das Vorübergehen. Das mag zuweilen äußerst schmerzlich sein, gehört aber ganz und gar zum Leben, ist schlechthin existenzbestimmend;
- trotzdem einen festen Standpunkt gewinnen gegenüber der Vergänglichkeit (jedenfalls keine Vogel-Strauß-Politik betreiben), und zwar in erster Linie durch getreue Erfüllung des hier und heute uns Aufgegebenen;
- schließlich dem gegenüber, was kommt, offen sein. Eine solche Bereitschaft gilt es tagtäglich bewusst einzuüben.

Das Zeugnis eines übergreifenden, unbedingten Lebenswillens lässt sich immer nur erahnen. Hier kommen – vielleicht auch für Kirchenferne – religiöse Gedankengänge ins Spiel. Im Ernst will wohl niemand, dass nach den paar Jahren voller Durchschnittlichkeit mit ein paar Lichtblicken alles aus und vorbei sei. Unsere Hoffnung ist jedenfalls größer als die irdischen Erfüllungen.

Junge Menschen fühlen sich von dem Gedanken an ein unausweichliches Ende meist noch nicht persönlich tangiert. Allenfalls gewinnt manch einer von ihnen eine ferne Ahnung davon, dass man seinem Leben selber ein Ende setzen kann. Auf eine erschreckend hohe Zahl von Jugendlichen trifft das jedenfalls zu (selbst wenn der »Versuch« glücklicherweise nicht gelungen sein sollte).

Es handelt sich beim Suizid gar nicht immer nur um die Folge von irgendwelchen Schicksalsschlägen, nämlich einer gänzlich ausweglos erscheinenden Lage. Es gibt auch eine spezielle Neurose, die einen Menschen ausgesprochen anfällig für die Selbstzerstörung macht (Erwin Ringel). Persönliche Krisenzeiten bergen eine besondere Gefahr, die Hoffnung zu verlieren, ein Nichtwissen, wie es weitergeht. Jeder, der ein solches Gefährdetsein bei einem anderen Menschen ahnt, hat die Pflicht und Schuldigkeit, als Selbstmordverhüter zu fungieren. Die Ausrede, man sei dazu nicht ausgebildet, hat hier keine Geltung.

Prof. Ringel verriet mir allerdings einmal, dass es Betroffene gibt, denen man es nie angesehen hätte, »weil sie bis zuletzt überzeugend Theater spielten«. Ein schlechtes Gewissen möchte ich Unwissenden nicht anhängen, lediglich meine große Trauer bekunden über Menschen, die auf diese Weise von uns fortgingen. Ohne den Einzelnen dafür verantwortlich zu machen, glaube ich doch einen gewissen Zusammenhang zwischen gesellschaftlicher Anonymität und Selbstzerstörung annehmen zu können.

Das Werden und In-Bewegung-Sein – trotz mancherlei Ungemach – als durchaus sinnvoll betrachten, sich der Vergänglichkeit nicht widersetzen, auch nicht dem oftmaligen Abschied-nehmen-Müssen, recht viel mehr kann man von einem Menschen eigentlich nicht verlangen. Wie jemand das »Hinübergehen« dann konkret schaffen wird, weiß keiner so genau. Am besten, man spielt vorher nicht den Helden. Weil das Ganz-allein-Sein beim Sterben völlig unvorstellbar ist, wissen wir mit umso größerer Sicherheit, wie sehr ein Zusammensein zum Leben dazugehört. Dann heißt es vielleicht irgendeinmal (glaubhaft, nicht aus Höflichkeit – nach einer zeitweiligen Trennung): »Du hast mir sehr gefehlt.«

Jemand bringt mit diesen Worten zum Ausdruck, dass meine Existenz für ihn irgendwie lebenswichtig ist. So etwas wie Wohlwollen, der Wille zur guten, hilfreichen Tat, kommt darin ganz deutlich zum Ausdruck. Immerhin gehören Geben und Nehmen bekanntlich zusammen. Das Einssein wäre blockiert und halbiert, wenn nicht allen beiden dabei wohl ist. Die einseitige Opferrolle hält einer immer nur eine gewisse Zeit lang aus.

Gespräche fungieren als eindeutige Zustimmung zum Zusammengehören. Irgendwie ist damit nämlich immer auch so etwas wie eine Selbstmitteilung verbunden, die alle beide bereichert, zuweilen sehr glücklich macht. Personales Werden ist stets dialogbedingt. Die größte Grausamkeit besteht in einer ständigen Gesprächsverweigerung. Manch einer rechtfertigt sich vielleicht damit, es als Kind nicht anders gelernt zu haben. Ein Neunundsechzigjähriger wurde stets »durch vorwurfsvolles Schweigen bestraft«, was ich äußerst tragisch und höchst verwerflich finde.

Möglicherweise hat sich inzwischen das Machtdenken, und zwar in Form von Abstandhalten und neuerdings auch einer gewissen Prüderie, bereits in den Bereich von Zuneigung, Sympathie, Annäherung und Gemeinschaft eingeschlichen. Irgendwie muss man dann wohl vor einer weiteren sozialen Klimaverschlechterung in Zukunft große Angst haben. Gemeint ist das Gegenteil von Wärme, Zuneigung, Hilfsbereitschaft, Zärtlichkeit, Nähe.

Aus Umgangsformen würden unter diesen Umständen leere, nichtssagende Rituale. Bei manch einem reicht der Mut nicht einmal mehr zu einem warmen Händedruck aus. Auf ein spontanes Lächeln wartet man auch oft vergebens. Es handelt sich im Grunde um geistige »Hungerkünstler« (sie leiden unter Entkräftung, ohne dass sie von der eigentlichen Ursache Kenntnis hätten). Alle jene sind gemeint, die glauben, ohne Zugehörigkeit, Intimität, Verliebtsein auskommen zu können. Sie enttäuschen den Nächsten, weil sie einst enttäuscht wurden. Ein Vertrauensbeweis wäre fällig. Er kostet nichts, ist aber außerordentlich kostbar.

Der Depressive muss von seinem gefährlichen Wahn durch echte Zuneigung befreit werden. Vielleicht wirken Befürchtungen hinsichtlich der Zukunft daran mit, dass er am Zusammenleben wieder oder erstmals Gefallen findet. Wir rühren mit dem Bekenntnis, jemand habe uns gefehlt, an etwas sehr Schmerzvolles, nämlich das Empfinden der definitiven Trennung.

Selbst wenn dem richterlichen Scheidungsurteil schon eine länger dauernde Entfremdungsfrist vorausging, zuweilen viel zu lange geradezu menschenunwürdige Verhältnisse geherrscht haben, fühlt manch einer den Verlust erst, wenn das »Tischtuch« endgültig zerschnitten ist. Dass heute zahlreichen Ehen eine kurze Dauer beschieden ist, vermindert die diesbezügliche Tragik keineswegs. Das weiß ich – aus eigener leidvoller Erfahrung.

Trauer anlässlich eines Todesfalls hat niemals nur als Ausdruck des Mitleids mit dem Verstorbenen und dessen Angehörigen zu gelten, sondern bezeugt immer auch eigenes Verletztsein, und zwar infolge einer Minderung dessen, was bisher Sicherheit geboten hat. Der Verstorbene fehlt uns, weil keiner sich selbst genügt. Trauerarbeit würde heißen, nicht in Passivität zu verharren, über den erlittenen Verlust schließlich hinauszuwachsen, auch wenn eine Seelennarbe wahrscheinlich zurückbleiben wird.

Kinder, die aus irgendeinem Grund an den Rand gedrängt wurden, niemals Freunde haben durften, begnügen sich »zum Trost« mit Konsumgütern oder sie stumpfen völlig ab, werden aggressiv, rachsüchtig, bösartig. Die leidige Integrationsproblematik – hinsichtlich Behinderten, aber auch der Ausländersprösslinge in immer größerer Zahl – spreche ich damit in großer Besorgnis ebenfalls an.

Depressive können Nähe und Zuneigung zunächst nicht wahrnehmen. Sie fühlen sich emotional »wie tot«. Es ist aber auch denkbar (das sei eines konkreten Falles wegen schuldbewusst festgestellt), dass ich jemandem gefehlt habe, er mich dringend gebraucht hätte. Irgendeinmal ist der Kontakt aber abgerissen. Der Vorsatz, einen Brief zu schreiben oder zu telefonieren, war gelegentlich vorhanden. Und dann kam eines Tages die Parte per Post. Glaubhafte Liebeserklärungen sind heute selten geworden, Freundschaften von Dauer auch.

Ob sich eine Ehe (weil sich der jüngere Partner »endlich mehr Freiheit« wünscht) in eine Freundschaft »zurückverwandeln« lässt, halte ich für mehr als fragwürdig. Dass aus Liebe Hass wird, erscheint mir aber schlechthin unbegreiflich. Eine zunehmende Entfremdung ist immer ein Trauerfall.

Damit Bewegung nicht ermüdet, sondern Kraft schenkt, zum Durchhalten befähigt, empfehle ich zuweilen Meditation. Die dadurch erzielte Entspannung (für den Stressgeplagten) erscheint aber weit weniger wichtig als das Abschütteln von Unwesentlichem, schließlich das Finden einer Mitte als dem persönlichen Energiezentrum. Doch selbst dieses ehrenwerte Ziel ist zu hinterfragen. Sollte bloß nach dem eigenen Wesen gesucht werden, muss die Angelegenheit enttäuschend ausfallen. Die Person möge sich mittels Meditation am allerwenigsten im »Alleinen« auflösen (wie fernöstliches Denken es vorsieht). Eine Selbsterlösung wäre meinem Dafürhalten nach ein peinlicher Irrtum.

Worum geht es dabei also? Mir schwebt eine Weckung des Vorstellungsvermögens insgesamt vor. Ich denke zunächst an religiöse Szenen, die vielleicht nicht nur in der Kindheit trostvoll gewirkt haben. Ganz entscheidend dürfte das Wiederauflebenlassen von (optischen) Eindrücken sein – hauptsächlich solcher anlässlich einer Begegnung. »Ich sehe sein Gesicht immer deutlicher, wenn ich mich vertiefe und lang genug innerlich hinschaue«, behauptete eine Frau (58) voll Freude über die lebhafte Erinnerung an ihren längst verstorbenen, »sehr geliebten« Vater.

Es ist denkbar, dass durch eine solche innere Annäherung der künftige Kontakt mit jemandem schließlich intensiver, einfühlsamer, weniger konflikthaft ausfällt. Man begegnet einem anderen mit größerer Herzlichkeit, macht ihm auf diese Weise auch seinen eigenen Wert bewusst. Es wäre schade, wenn Menschen einzig aus werbetechnischen Erwägungen, als zahlende Kunden in einem Geschäft, so etwas wie Freundlichkeit zu spüren bekämen.

Vor Jahren hatte ich eine Magersüchtige (18) psychotherapeutisch zu betreuen. Am Ende ihres Irrwegs, »der ständig im Kreis führte, aber zu keiner Mitte«, verriet mir die junge Frau, den Körper immer weniger zu spüren, habe ihr ein Überlegenheitsgefühl vermittelt. Dass sie auch auf Kommunikation verzichtete (mir anfangs nur stumm vollgeschriebene Zettel mit wirren Einfällen überreichte), zog allmählich eine totale Entleerung nach sich.

Sie habe ihr Ich unbedingt gegen alles und jeden abschirmen wollen. »Als ich einmal in die Schatztruhe hineinschaute, war sie aber leer.« Dieses Traumbild hat meine Patientin, die einen Lebenssinn bisher nur durch Verzicht – auf Körper, Zukunft (durch Kindbleiben), Mitmenschlichkeit – zu erringen hoffte, zutiefst erschüttert, wachgerüttelt. Plötzlich merkte sie, dass sie eigentlich nur vor ihrem zudringlichen Vater und der eiskalten Mutter davonlief. Doch diese Flucht führte nirgendwo hin.

Sollte an einem Menschen das Leben spurlos vorübergegangen sein, ist anzunehmen, dass auch er selbst kaum etwas zu bewegen vermochte, keinerlei Spuren hinterlassen hat. Bekanntlich gibt es nicht nur Begehungs-, sondern auch Unterlassungssünden. Letzteren wäre die Tugend, das heißt so viel wie Tatbereitschaft des Mutes entgegenzusetzen. Dann hätten wir vor Annäherungsversuchen, aber auch notwendigen Auseinandersetzungen weniger Angst.

Wie Psychotherapie vor sich geht, werde ich zuweilen gefragt. Nicht als eine einseitige Behandlung, stelle ich zunächst fest. Einmal behauptete ich, um das bemüht zu sein, was einst Aufgabe der Eltern gewesen wäre. Sie hätten dem Kind Selbstvertrauen vermitteln, nicht so sehr Ratschläge erteilen oder irgendwelche Verbote aussprechen müssen. Damit ist in der Tat ein gemeinsamer Nenner sowohl für Erziehung als auch Psychotherapie angegeben. »Aber man verrechnet sich so leicht, weil man es ja auch mit dem Unbewussten zu tun hat«, bemerkte Erwin Ringel einmal selbstkritisch. Und diesbezüglich sind wir nach Sigmund Freud oft »nicht einmal Herr im eigenen Haus«.

Die Frage, was erwartet der andere von mir, stellt sich nicht nur Eltern, Lehrern und Angehörigen helfender Berufe. In jedem echten Gespräch ist sie mit eingeschlossen – als Sehnsucht oder auch Befürchtung (vor Leerausgehen, Verkannt-, Bloß-gestellt-Werden). Manche sind der Meinung, der Therapeut würde »in der Seele herumwühlen«. Gemäß dieser haarsträubenden Vermutung sind offenbar nur Skandale und Katastrophen es wert, dass man darüber redet, den Seelenkundigen aufsucht. In Wirklichkeit mag der Inhalt oft ziemlich belanglos sein, nicht aber die Beziehung. Diesbezüglich stimmen die verschiedenen Therapiemethoden ziemlich überein.

Wodurch unterscheidet sich Ermutigung von sogenannten guten Ratschlägen? Bei Letzteren handelt es sich meist um eine einseitige Angelegenheit. Zuweilen sind sie nur deshalb gefragt, weil man mangels Mutes am liebsten einem anderen die Entscheidung überlassen möchte. Hoffentlich geht dieser auf ein solch zweifelhaftes Angebot nicht ein. Ziel der Ermutigung ist keinesfalls die gebrauchsfertige Lösung, allenfalls eine Anregung zum situationsadäquaten Handeln statt so mancher ständigen neurotischen Wiederholungen.

Nicht Neugier, sondern die Notwendigkeit zwingt schließlich zum Weiterfragen. Ich nenne dann Schwerpunkte, Ansätze, etwaige Forderungen – aus meiner Sicht. Nicht blind-reflexhaft zu reagieren, sich auch nicht in die Enge treiben zu lassen, vielmehr nach einer eigenen Meinung zu suchen, halte ich stets für empfehlenswert. Dabei geht es – für Patient und Therapeuten – darum, die Geduld nicht zu verlieren, weiterzudenken, wo andere sich mit leeren Beschwichtigungen, appellativen Phrasen, abstoßendem Moralismus längst zufriedengeben.

Was mir dazu noch einfällt: Von Kindern lernen – vor allem ihrem Staunen, Unbeschwertheit, Offensein. Liebe soll man nicht für eine Belohnung halten. Die Kunst des Gebens und Nehmens wäre einzuüben, auch sich selbst zu akzeptieren und den anderen ebenfalls. »Auf Bedingungssätze muss unbedingt verzichtet werden«, meinte ein junger Mann (22), der eine »unerfreuliche Erziehung genossen« hat. Er war entsetzt, als er bemerkte, dass es in seinem Liebesleben »ebenfalls immer wieder Drohungen« gab. »Mehr an andere als an sich denken«, verlangt Adler, und zwar aus psychohygienischer Perspektive, nicht, weil ihm an »Gutmenschen« besonders gelegen wäre. Er spricht von einem Nutzen, an dem immer auch der Spender teilhat. Völlig selbstlos braucht dieser somit gar nicht zu sein.

Ein Glückwunsch, wenn er wirklich echt ist, der ganz spontan erfolgt, aus dem Herzen kommt, hat viel gemeinsam mit Mutzusprechen. Der Wortlaut, wie immer er beschaffen ist, enthält die Botschaft, dass einer es schafft, wenn er sich helfen lässt und dabei auch selbst nicht passiv bleibt. Es geht dabei immer um Wechselseitigkeit. Das gilt bereits für den frühen Mutter-Kind-Kontakt. Die Mutter ist nicht nur Wohltäterin, eine Opferseele, sondern wird von dem kleinen Wesen reich beschenkt, tut dann vieles hoffentlich aus aufrichtiger Dankbarkeit. Ich denke dabei voll Zuneigung und großer Bewunderung an meine beiden Schwiegertöchter im Verhältnis zu ihrem (herzallerliebsten) Nachwuchs.

Abschließend nochmals zu der Frage, wozu wir des Mutes eigentlich bedürfen (abgesehen von seiner moralischen Qualität): Damit wir nicht infolge von Distanz und Erniedrigtwerden einen Energieverlust erleiden. Selbstverständlich gibt es Lügner und Betrüger, Diebe, Mörder, Terroristen, so manchen kleinen Gauner. Doch es wäre äußerst verhängnisvoll, um jeden Menschen »zur Vorsicht« einen weiten Bogen zu machen.

Wer Kinder einsperrt, damit sie »nicht in schlechte Gesellschaft kommen«, züchtet Kümmerlinge, die sich bestenfalls irgendwann von dieser Tyrannei gewaltsam losreißen. Ob sie dazu allerdings wirklich den Mut aufbringen, ist zu bezweifeln. Vielleicht reicht jener nach einem Fehlstart nur zur reumütigen Heimkehr, weil man dem Leben mit anderen einfach nicht gewachsen ist. Auf eine solche Anhänglichkeit bräuchten die Erwachsenen sich nichts einzubilden.

Die Zukunft haben wir hier nicht rein zufällig ein wenig aus den Augen verloren. Es gibt sie nämlich nicht, wenn das »Kind« fälschlich als Eigentum von Mutter und Vater angesehen wurde und man deshalb jeden Ablösungsversuch mit grobem Undank gleichsetzt. Solche Eltern führen offenbar etwas fort, was sie selbst einst erdulden mussten, nämlich den Mangel an Offenheit.

Die Bereitschaft müsste gegeben sein, Überraschungen (zum Beispiel was die Berufswahl anlangt) hinzunehmen, dem anderen seine persönliche Eigenständigkeit – unabhängig vom Alter – voll und ganz zuzubilligen, die eigenen Wertvorstellungen nicht zu verabsolutieren. Darauf käme es bei jeglicher Entwicklungshilfe am meisten an. Etwas anderes hat Erziehung nämlich nicht zu sein, keine Dressur, schon gar nicht ein Beweis elterlicher Großartigkeit.

Es ist wirklich nicht meine Absicht, jemandem etwas ausreden oder einreden zu wollen. Mancher Leser wird jetzt vielleicht mit mir unzufrieden sein, es mir verübeln, wenn ich – angesichts der Befristetheit unseres Daseins – offen bekenne, dass ich an ein Weiterleben nach dem Tod glaube und für diese Hoffnung als Gottesgabe äußerst dankbar bin. Eine solche Feststellung, aus welchem Grund immer, unter den Tisch fallen zu lassen, wäre mir als eine geradezu unverzeihliche Feigheit erschienen.

Ich bedaure selbstverständlich zutiefst, dass mit Berufung auf Gott immer wieder Gräueltaten verübt wurden, es einen Gewissenszwang gab, dass nicht nur der Islam mit dem Schwert Verbreitung gefunden hat, auch im Auftrag christlicher Autoritäten Religionskriege, vor allem die unseligen und blutigen Kreuzzüge, stattfanden. Das ändert aber nichts an der Tatsache, dass die Erinnerung an Jesus von Nazareth als Menschenfreund bis heute für viele Menschen sehr lebendig blieb, dieser uns Teilhabe an seinem Auferstandensein verheißen hat. Hoffnung ist somit wesentlich mehr als Optimismus, Einbildung, Naivität. Sie betrifft ein Leben ohne Ende, und zwar auch ohne jede Langeweile, mit welcher infolge diverser Stillstände im Erdenleben zuweilen zu rechnen ist.

»Gott wird jede Träne von unseren Augen abwischen«, heißt es im letzten Buch der Heiligen Schrift. Wir werden für Lieblosigkeiten und Demütigungen entschädigt. Sie sind besonders schmerzhaft, wenn man glaubt, sie mit vorgerücktem Alter in Verbindung bringen zu müssen. Ein Ende mit Schrecken durch Im-Stich-gelassen-Werden wünscht sich keiner.

Durch Hinwendung zum Nächsten würden wir umgekehrt dem Gebot der Nächstenliebe gerecht. Ich spreche hier aber lieber von einem Bedürfnis nach Zuwendung und Hingabe als von etwas Anbefohlenem, weil ich dem Gehorsam gegenüber einen solchen Horror empfinde (natürlich wurzelt dieser in meiner Kindheit, das will ich gar nicht in Abrede stellen).

Dass Jesus, anders als die Machthaber dieser Welt, keinen Zwang ausgeübt hat, ist seinen Anhängern im Lauf der Geschichte sehr oft entfallen. Dann wurde mit Gott als strengem Richter gedroht. Den Heiland hat man offenbar vergessen. Herz-Jesu-Verehrung würde bedeuten, barmherzig zu sein, sich der Notleidenden anzunehmen, ohne zu fragen, ob diese vielleicht in ihrem Leben vieles falsch gemacht haben. Der Moralismus mancher Frommer macht den Glauben lächerlich. Die Liebe übersteht den Tod, ist eine göttliche Tugend, nimmt niemals ein Ende.

7. Das Leben gestalten.
Auch zeitliche Strukturen sind unbedingt notwendig

Dass der Lebens-Raum verschiedene Möglichkeiten für Wohnung und Bewegung bietet, ist uns bekannt. Eine Vergewisserung ergibt sich meist erst aus diesbezüglichen Mängeln, etwa der Enge oder dem Heimatverlust aufgrund von Auf-der-Flucht-Sein. Die zeitliche Dimension besitzt dagegen weit weniger Anschaulichkeit, wenn wir den Wechsel der Tages- und Jahreszeiten außer Acht lassen. Zugleich bedarf diese jedoch am meisten unserer ganz besonderen Gestaltungskraft.

In der Einleitung zu seinem bekannten Buch »Spiele der Erwachsenen« stellt Eric Berne fest, dass es neben dem Bedürfnis nach Reizen (Anregung, Abwechslung, Aufgaben) und sozialer Anerkennung einen echten »Struktur-Hunger« gibt. Nichts sei unbehaglicher, weil von lähmender Langeweile bedroht, als eine Periode unstrukturierter, leerer Zeit. Sich langweilen gilt nach Berne als Synonym für eine »emotionale Verkümmerung«. Das trifft seiner Meinung nach auch für das Fehlen von »Streicheleinheiten« (Zuwendung, Zärtlichkeit) zu. Vielleicht können wir hier die Vermutung aussprechen: Ein Zeitraum gilt in erster Linie dem mitmenschlichen Zusammensein, die leere Zeit entsteht umgekehrt durch Vereinzelung, wer immer dafür die Verantwortung zu tragen hat.

In Verbindung mit »Spielen« – gemeint sind damit menschliche Umgangsformen – ist bei Berne von verschiedenen Ich-Zuständen die Rede, wobei Eltern-, Kindheits- und Erwachsenen-Ich einen sehr »hohen Lebens- und Überlebenswert« besitzen. Daraus lässt sich möglicherweise der Schluss ziehen, dass Kontaktlosigkeit notwendigerweise Lebensohnmacht erzeugt, die Bereitschaft, sich auf andere – im zeitlichen Rahmen – einzulassen, umgekehrt eine nicht unbeträchtliche Energiezufuhr garantiert.

Den Ausgangspunkt für einen angemessenen Zeitbezug (in Form von Ausschau- und Rückschauhalten) bildet stets das Hier und Heute. Entscheidungen fallen nämlich in der Gegenwart oder sie unterbleiben, sind immer nur projektiert, werden niemals in die Tat umgesetzt. Im letzten Kapitel meines Buchs »Mitmenschlichkeit kann uns heilen« komme ich auf das Sprichwort »Was du heute kannst besorgen, das verschiebe nicht auf morgen« zu sprechen. Als ein Antistressmittel für geplagte Manager hat der bekannte Reim wohl nicht zu gelten, ebenso wenig als ein Antrieb, um jemanden zum Schnellersein zu nötigen. Zu manchem bedarf es nämlich der Reifung, ehe irgendeinmal der rechte Augenblick gekommen ist. Diesen gilt es dann allerdings nicht zu versäumen.

Mittels »zögernder Attitüde« widersetzt sich der Neurotiker (nach Alfred Adler) dem Vorübergang der Zeit, was häufig schwerwiegende Versäumnisse mit einschließt. Weil der Mensch aber keine Maschine ist, verfügt er nicht über gleichbleibende Energien. Ohne gelegentlichen Kraftaufwand samt Ruhepausen würde einer immer schwächer, fühlt sich plötzlich ausgelaugt. Es muss Phasen des Ausruhens geben, aber auch Augenblicke der Entscheidung und daraufhin den vollen Einsatz, eben eine Struktur, was immer Vielfalt und Unterschiede bedeutet. Höchst verwerflich wäre das Abschieben von Pflichten auf andere, ein Sich-aus-dem-Staub-Machen — aus Feigheit oder Bequemlichkeit.

Wenn wir eine Balance zwischen Selbstbehauptung und sozialer Zugehörigkeit halten wollen, gilt es, sich seiner Geschichtlichkeit voll bewusst zu werden. Immerhin kann es im Lauf der Jahre immer auch schwerwiegende Versäumnisse geben. Manche Chance kehrt niemals wieder. Einen Zwang dürfte uns das Sprichwort nicht auferlegen. Es ist anzunehmen, dass es noch so manches »Heute« gibt. Das stimmt uns dann zuversichtlich. Niemals sind wir nur Opfer der Verhältnisse, sondern stets dazu herausgefordert, zu diesen (wie immer sie beschaffen sein mögen) nach bestem Wissen und Gewissen Stellung zu nehmen. »Solange der Mensch sich entwickelt, verändert sich auch der Sinn der Vergangenheit. Alles Vergangene ist diesbezüglich vorläufig« (O. F. Bollnow). Ereignisse können erst im Licht des Darauffolgenden, auch was die persönlichen Deutungen und Absichten anlangt, oft einen völlig anderen Stellenwert erlangen.

Wir nehmen jedenfalls (wenn wir keinem ideologischen Denkzwang unterliegen) zu Gewesenem und Zukünftigem immer aus einer bestimmten Perspektive Stellung. Von Wichtigkeit ist dabei die Periode, in der wir leben – samt politischen und wirtschaftlichen Umständen, die Weltlage, ökologische Bedingungen mit eingerechnet (was den Klimawandel anlangt, wird es allmählich eng). Zu berücksichtigen wäre auch der persönliche Lebensrhythmus, der einen Stillstand verhindert, zugleich vom Gesundheitszustand bestimmt ist, der Verfassung, den Gefühlen, der Selbsteinschätzung im Verhältnis zu anderen.

Ohne Vergangenheitsbezug gibt es für uns auch keine Zukunft. Das ist an die Adresse von Machthabern gerichtet, die Einstmaliges oft ganz für ihre Zwecke missbrauchen (die Nibelungen waren dann zum Beispiel ausschließlich tapfere Nazi-Soldaten). Von Absolutheit sprechen lediglich Diktatoren mit Vorliebe (dass Hitler der »größte Feldherr aller Zeiten« war, erscheint uns heute nicht einmal mehr als ein schlechter Witz). Herrschende neigen jedenfalls dazu, ihre »Untertanen« gehörig einzuschüchtern, indem sie diese infantilisieren, zum Kindbleiben zwingen, sie an eigenständigem Denken, Wollen, Fühlen gewaltsam hindern. Damit verliert der Einzelne sein Urteilsvermögen, so unbegreiflich das aus einer späteren Perspektive erscheinen mag.

Niemand weiß genau, was der morgige Tag bringt. Der heutige steht – trotz mancher Vorgegebenheit (zum Beispiel diversen Verpflichtungen) – einigermaßen zur Disposition. Darauf können dann vielleicht mehrere Menschen einen Einfluss nehmen, nachdem sie sich friedlich geeinigt haben. Weder etwas überstürzen noch es endlos hinauszögern, wäre ein guter Vorsatz.

Als eine ausgesprochene Wohltat gilt: Jemanden niemals über Gebühr warten lassen. Das hat mit Geld in Bezug auf die Zeit nichts zu tun (um an diesen dummen Spruch verneinend anzuknüpfen). »Dann habe ich es wenigstens hinter mir«, wäre eine durchaus zulässige Motivation, falls es sich um etwas Unangenehmes handelt.

Sich »solche Sorgen« machen, meist um einen anderen, zum Beispiel Heranwachsenden, diese Aussage klingt meist reichlich vorwurfsvoll. Der Betreffende soll dafür dann womöglich noch dankbar sein, obwohl ein Zukunfts-Pessimismus stets ansteckend wirkt. Häufig handelt es sich um ein Ablenkungsmanöver. Man kapituliert bereits, ehe noch ein Kampf stattgefunden hat, dessen es womöglich gar nicht bedurft hätte.

Die neurotische Zeitlosigkeit (Form eines speziellen Konservativismus) hat einen Zwang im Gefolge, durch den die Aufgaben des heutigen Tages prompt verfehlt werden. Erst die Berücksichtigung einer zeitlich-lebensgeschichtlichen Dimension lässt uns in vollem Umfang handlungsfähig werden. Die Zukunft verplanen, das würde bedeuten, vor Unberechenbarem ängstlich die Augen verschließen. Pünktlichkeit wird uns andererseits nicht nur durch diverse Fahrpläne nahegelegt, wir sind sie einander schuldig.

Zuweilen spüren wir deutlich, dass es fünf vor zwölf ist, weil Menschen sich zum Beispiel viel zu lange über die ökologischen Belange unbekümmert hinweggesetzt haben. Der richtige Augenblick entscheidet auch über das Zustandekommen und die Beschaffenheit der Bewegung. Sich – für etwas oder jemanden – Zeit nehmen, stellt eine vorrangige Bedingung dar, damit echte Beziehungen entstehen, Gespräche sich entfalten können (der häufige Handy-Gebrauch erscheint mir als bedauernswerter Ausdruck eines beabsichtigten Präsenzmangels, bewussten Ausweichens).

Wenn Eric Berne feststellt, dass wir nirgendwo sonst als im Hier und Heute zu leben vermögen, es dabei zugleich unbedingt die zwischenmenschlichen Transaktionen als Strukturierungs-Modalitäten geben muss, warnt er zugleich vor einer unbewussten Vergangenheitsorientierung, einem zwanghaften Wiederholen des Gewesenen, genauer gesagt all dessen, was sich einstmals zwischen Eltern und Kindern abgespielt hat.

Eine Patientin (55) stellte sich mir mit den Worten vor: »Bitte, helfen Sie mir. Ich hasse alle Menschen.« Es war eine in zweifacher

Weise schockierende Aussage. Dass ein hilfreicher Ausweg einzig in der Überwindung des Hassens bestehen kann, darauf wollte die Frau sich lange Zeit nicht einlassen. Auf die Frage nach ihrer Kindheit hieß es zunächst nur: »Die war sehr schön, darüber brauchen wir erst gar nicht zu reden.« Den überzeugenden Gegenbeweis lieferte freilich das Verhalten ihres Bruders.

Er war Eigentümer der Wohnung, in der meine Patientin zusammen mit der Mutter wohnte. »Ich werfe Dich hinaus, sobald die Mutter gestorben ist«, bekam jene des Öfteren zu hören. Aus sechs Firmen hat man sie wegen anmaßenden Verhaltens ebenfalls hinausgeworfen. Ihre neurotische Logik wurde mir wiederholt mit den (unwiderlegbaren) Worten präsentiert: »Mich mag niemand, weil ich niemanden mag.« Ihre Therapiebedürftigkeit bekannte sie zumindest indirekt ein. »Ich komme gern zu Ihnen«, hieß es einmal.

Die Zuteilung der Sozialhilfe an die völlig Mittellose und das behördlich gewährte Wohnrecht in einer bescheidenen eigenen Bleibe waren nur die halbe Lösung. Die Patientin musste zu der Erkenntnis gelangen, und zwar selbst – mit meiner Unterstützung. Ich fühlte mich von ihrem Menschenhass nämlich nicht tangiert. »Es ist schön, einem Menschen Gutes zu tun, ihn gernzuhaben, zu lieben, selbst wenn man dafür keine Erwiderung finden sollte.« Erst nach diesem Durchbruch gab sie ihr tatsächliches »Kindheitselend« preis, das erst jetzt ein Ende finden sollte.

»Spiele« im Sinn von Berne sind mehr als ein Zeitvertreib, etwas sehr Ernstes, nämlich eine Form der Annäherung. »Etwas, das lohnender ist als sie, ist das Intimerlebnis. Ohne Nähe gibt es für die Zukunft nämlich keine Hoffnung«. Vielleicht war die Vergangenheit für ein ungeliebtes Kind auch hoffnungslos. Aber es muss nicht so bleiben, wie es ist, wenn wir bereit sind, uns zu ändern.

Ob Intimität bis zum sexuellen Einswerden reicht oder man sich mit Zuneigung und Hilfsbereitschaft zufriedengibt, möge stets unter den gegebenen Umständen entschieden werden. Ausdrücklich zu fordern ist aber, dass die geschlechtliche Lust – auch die von Jugendlichen und selbst Kindern – nicht länger der Verachtung anheimfallen darf. Hierbei spielt der Neid eine wesentlich größere Rolle als die Besorgnis um Sittlichkeit und Wohlverhalten.

»Die Ordnung seines Lebens ist für den Menschen im Wesentlichen die Ordnung seines zeitlichen Verlaufs«, stellt O. F. Bollnow kategorisch fest. Dann darf Nähe (in verschiedenen Intensitätsgraden) nicht verschlafen, ignoriert oder gar zu einem Kampfplatz gemacht werden. Jedoch auch die ständige Sprungbereitschaft des allzu Pflichtbewussten stellt einen ungesunden Zustand dar.

Ob die »Tugend der Gelassenheit« ein Heilmittel gegen eine verfehlte Strukturierung bietet, wage ich nicht zu entscheiden. Sie liegt jedenfalls zwischen Vernachlässigung und Ungeduld. Wir rühren damit an Aufgaben, die mit unserem jeweiligen Lebensalter verbunden sind. Vom Pensionisten ist etwas anderes gefordert als von jemandem, der sich noch in Ausbildung befindet. Ziemlich schlimm wäre es, sollte die Behauptung zutreffen, ein Mensch vorgerückten Alters sei »in den Kinderschuhen stecken geblieben«.

Gelassenheit hätte in diesem Zusammenhang eine doppelte Bedeutung: Annahme des eigenen Alters, zugleich In-Einklang-Stehen mit Menschen auf einer anderen Altersstufe, älteren, aber auch jüngeren. Die bejahte und gelebte Verbundenheit mit Andersaltrigen gehört unausweichlich zu einer dynamischen Lebensganzheit hinzu. Andernfalls droht Stillstand. Ich unterstreiche diese Feststellung, weil eine persönliche Erfahrung dahintersteht.

Das In-Bewegung-Bleiben bedarf der beharrlichen Einübung – entgegen manchen verbreiteten Vorurteilen (wie jemand aufgrund seines Alters zu sein hat, seines Geschlechts, der Rolle und sozialen Zugehörigkeit). Dass Männer miteinander immer taktvoll umgehen, ist alles andere als selbstverständlich. Man soll sich durch vorwurfsvolles Verwundertsein von dem nicht abbringen lassen.

Folgende Aspekte können sich hier als sehr nützlich erweisen und sollen daher gründlich überdacht werden:
• Ein Nachtrauern schafft Hindernisse, die wir uns besser ersparen. Das Vergangene ist nur dann wertvoll, wenn es in der Gegenwart positiv weiterwirkt.

- Zögern, Zeitvertrödeln, Entschlusslosigkeit sind häufige Varianten einer asozialen Distanz (dann heißt es am Ende noch, dass jemand das von einem »doch nicht verlangen kann«).
- Verschieben, wenn es sich nicht um rein mechanische Tätigkeiten handelt, stört den Zusammenhang und trägt womöglich zu einer Verwirrung bei.
- Krisen bedeuten nichts anderes als einen Anstoß, den Widerstand aufzugeben, einen Stillstand zu beenden, sich mit anderen zusammen endlich in Bewegung zu setzen.
- Zeitliche Grenzen bedeuten nicht etwa eine Gefangenschaft für jemanden, der ein gutes Gedächtnis hat. Es bedarf eines ebensolchen Vorstellungsvermögens, in alledem die Fähigkeit, vom Herzen mitteilsam zu sein.
- Zuweilen muss man auch für eigene Schwächen Verständnis aufbringen (von einer billigen Ausrede habe ich hier allerdings nichts gesagt).

Dass Generationenkonflikte nahezu naturgesetzlich vorgegeben und festgelegt sind, dürfte eine Ausgeburt des Ich-Wahns sein. Tatsächlich war jeder Erwachsene einmal ein hilfsbedürftiges Kind. Falls er nicht vorher aus dem Leben scheiden muss, wird er schließlich ins Greisenalter gelangen. Die »Höhe des Lebens« gibt es somit nicht. Am ehesten würde das (meist nur kurzzeitig) für ein stürmisches Liebesverhältnis Geltung haben.

Andernfalls waren wahrscheinlich Größenwahnsinnige am Werk, die eine solche Wortschöpfung hervorbrachten. In Wirklichkeit steckt eine maßlose Überschätzung der Leistungsfähigkeit dahinter. Um Leistung scheint es dabei weit weniger zu gehen als um eine ganz üble Selbsterhöhung auf Kosten anderer. Nach Meinung von Adler verkörpern sowohl das Kind als auch der alte Mensch, und zwar im Wissen um Angewiesensein auf Mitmenschen und in Zustimmung dazu, Menschsein wesentlich direkter, als einer, der vorgibt, niemanden zu brauchen, weil er mit allen Problemen angeblich aus eigener Kraft fertig wird. Es handelt sich meist um einen Meister im Verschieben – auf morgen oder übermorgen.

Erst wenn nicht mehr Stark- und Schwachsein Menschen voneinander trennen, sie derlei Unterschiede einander entfremdet, vermag einer sich voll zu der Tatsache zu bekennen, dass er wahrscheinlich sämtliche Altersstufen zu frequentieren hat, wobei diese keineswegs immer nur steil nach oben führen. Ein guter Anfang, was eine Zeit-Strukturierung anlangt, zugleich soziale Annäherung, wäre mit der bereitwilligen Annahme des eigenen Gewordenseins und Werdens gesetzt. Dann haben Menschen es nicht nötig, das bevorstehende Sterben zu verdrängen.

Mit einem spektakulären Traumbericht, den mir erst unlängst ein Patient (48) erstattet hat, möchte ich dieses Kapitel abschließen. Als Vorinformation ist zu sagen, dass der Vater des Mannes ein schwerer Alkoholiker war und relativ früh gestorben ist. Seine Mutter hatte sich das Leben genommen, als er zwölf Jahre alt war. Im Traum meines Patienten tauchte nun der Vater auf, kam von einer Entwöhnungskur zurück, brachte Geschenke für die Kinder mit. Er stand vor einer verschlossenen Tür, konnte nicht hinein. Mein Patient öffnete mit seinem Schlüssel. Drinnen befand sich die (tatsächlich) unter einer Depression leidende Mutter, die von einer Wunderheilerin behandelt wurde.

Mit der Frage, ob er sich selbst jemals ausgeschlossen gefühlt habe, weil er bei Verwandten hatte aufwachsen müssen, außerdem diese bis heute für seine psychophysische Situation »kein echtes Verständnis« aufbringen konnten, entließ ich den liebenswerten Menschen. Er ist mir eine Antwort bezeichnenderweise zunächst schuldig geblieben. Zu dem guten Vorsatz, sich »künftig niemandem mehr zu verschließen«, war er aber sehr bald selbst gelangt. Ich beglückwünschte ihn dazu, dass sein Unbewusstes in Form des Traumes ein Stück persönlicher Tragik preisgegeben hatte. Es käme nun vor allem darauf an, sich auch selber nicht mehr auszuschließen und abzusondern, anders zu handeln und zu denken, als ihm einst widerfahren war.

Mit dem intensiven Gefühl des Mitleids für den einstmals tatsächlich Ausgesperrten gab es zumindest einen zukunftsträchtigen Anfang. »So wie der Vater möchte ich nicht werden, weil ich meine beiden Söhne nicht enttäuschen will.« Dass diese bei den Schwiegereltern aufwachsen müssen (nachdem deren Mutter, die Gattin des Patienten, gestorben war), wirkt auf den Mann nicht gerade aufbauend. Er kommt sich bei den Wochenendbesuchen stets irgendwie als unerwünschter Eindringling vor.

Dass es diesbezüglich Gestaltungsmöglichkeiten gibt, ahnt er. Er lässt sich »nun nicht mehr so leicht von jemandem zurücksetzen«. Seine Einladung zu Silvester werde ich nie vergessen. Ich hätte ihm so etwas nie zugetraut.

8. Geschlechtszugehörigkeit, Sexualität und Liebesfähigkeit.
Eine Aufklärung über Lust und Verantwortung

Was immer ein Mensch sein mag, bereits seit seiner Zeugung gehört er entweder dem weiblichen oder dem männlichen Geschlecht an. Nicht nur hinsichtlich Nachkommenschaft – infolge geschlechtlicher Vereinigung und Befruchtung der weiblichen Eizelle durch Spermien des Mannes – manifestiert sich darin die menschliche Ergänzungsbedürftigkeit. Wer das Lustverlangen und die Möglichkeit eines Befriedigtwerdens, unabhängig von Zeugung, verschweigt, tut es nie ohne eine bestimmte Absicht, samt äußerst nachteiligen Auswirkungen, nicht nur für Heranwachsende.

Es ist gut und richtig, wenn wir zwischen sexuellem Begehren und liebender Hingabe keinen qualitativen Unterschied annehmen. Der quantitative ist nicht zu leugnen. Die körperliche Beschaffenheit, genauer gesagt der Erregungszustand, und zwar als möglicher Modus der lustvollen Vereinigung, verdient es keineswegs, moralistisch abgewertet und – wie es allzu lange der Fall war – gering geschätzt zu werden, so weit zurückreichend eine diesbezügliche Tradition der ausschließlichen Geistvergötzung reichen mag.

Unsere Gefühle lassen sich von Körpervorgängen, speziell den auf den Sex ausgerichteten, nicht absondern. Aus einem Verdrängen ins Unbewusste, was unter Umständen schon sehr bald zustande kommt, denn laut Sigmund Freud existiert bereits eine frühkindliche Libido, ergibt sich ein verhängnisvolles Fortdauern des Negiertseins als Leib-Seele-Wesen. Eine Art Selbstverneinung des Menschen ist die traurige Folge.

Den durchaus plausiblen Anlass dazu bildet allemal die Sauberkeitserziehung und die zunächst meist noch mangelhafte Beherrschung der Ausscheidungsfunktionen durch das Kleinkind – zum

Missfallen der Eltern – inmitten einer sterilen, perfektionistischen Gesellschaft. Hier gilt es, unbedingt Geduld aufzubringen, sich nicht von dem leiten zu lassen, was man selber einst schmerzlich, nämlich äußerst demütigend, zu spüren bekam.

Die Geringschätzung der geschlechtlichen Lust kommt immer einer Unterdrückung des Schwächeren durch den Stärkeren gleich. Nicht rein zufällig wurden sexuelle Handlungen oft als ein »Schwachwerden« bezeichnet. Freud spricht hier (im Anklang an eine griechische Sage) vom Ödipus-Komplex, der die Entstehung eines unheilvollen, weil zwanghaften Über-Ich-Gewissens zur Folge hat. Beabsichtigt war und ist dabei – unredlicherweise – einzig und allein die Erzeugung fügsamer Untertanen.

Wenn kindliche und jugendliche »Spiele«, in Wirklichkeit aber sehr bald eindeutige Befriedigungsabsichten, und zwar den Genitalbereich betreffend (bereits im vorpubertären Stadium), Bestrafung auf sich zogen, war die Tabuisierung von Penis und Vagina wahrscheinlich eine Zeit lang garantiert.

Da die Geschlechtsteile – ab einem bestimmten Alter – üblicherweise immer bedeckt sind, man vor allem den erigierten Penis grundsätzlich bis heute nicht zu Gesicht bekommt (außer in pornografischen Darstellungen), musste hier unweigerlich eine Art Sonderbereich entstehen, was stets eine beträchtliche Vitalitätseinbuße zur Folge hat. Man reagiert neuerdings auf sexuelle Manifestationen verschiedentlich hysterisch, gebärdet sich abermals so, als ob dadurch der Untergang des Abendlandes bevorstünde.

Dem Eheleben ist kein guter Dienst erwiesen, wenn man Heranwachsende einer Art seelischen Kastration bzw. Sterilisierung aussetzt. Dann schlägt ihr Interesse oft in Gewalt um. Statt der Pornovideos werden dann vielleicht aggressive TV-Szenen konsumiert und von manch einem (selbstschädigend – zum Beispiel als Komatrinker) realisiert. Irgendwer setzt infolge von ständigem Frustriertsein so etwas konsequent in die Tat um.

Sexualität rückt aufgrund unglückseliger Erziehungseinflüsse für das ganze weitere Leben unter Umständen ins Zwielicht. Als vor nicht allzu langer Zeit kirchlicherseits jegliche Betätigung auf diesem

Gebiet als »schwere Sünde« galt, wurde die Zeugung zu einer »ehelichen Pflicht«. Am meisten fürchtet man in diesem Zusammenhang immer noch Spott und Verachtung. Ein ausgegrenzter Sex ist logischerweise zur Heimlichkeit verurteilt. Die Liebe erhielt dann aufgrund des damit verbundenen Energieverlustes irgendwie einen kalten, unwirklichen Glanz, erschien krampfhaft, unecht, abgehoben, völlig kraftlos.

Es handelt sich um eine tendenziöse Behauptung, dass jemand, der schon früh zu sexueller Lust gelangt ist, sich ungehindert Orgasmen verschafft, später einmal zur Unersättlichkeit neigt, von der Leidenschaft immerfort überwältigt wird, ein Suchtverhalten aufweist. Das Gegenteil ist erwiesenermaßen der Fall, wenn man Disziplin nicht von vornherein mit Sexverzicht gleichsetzt. Ich habe mich mit dem Thema in meinem Buch »Sich sorgen um den Sex« ausführlich befasst und dort vor allem auf unverblümte Interviewaussagen heutiger Jugendlicher Wert gelegt.

Menschen, denen man Toleranz angedeihen ließ, bleibt ein unerfreulicher Zwiespalt erspart, weil nicht etwas, das bisher streng verboten war, plötzlich gut, sogar eine Verpflichtung sein soll. Derartige Klagen bekam ich vor längerer Zeit jedenfalls des Öfteren von Frauen, die man zum Keuschbleiben erzogen hatte, nach der Eheschließung zu hören. Eine zweckdienliche Information erachtete man allzu lange nicht für nötig. Die Kinder sollten möglichst lange »unschuldig bleiben«, hieß es. Damit wurde Sexualität allerdings mit Schuld gleichgesetzt.

In meinem Sex-Buch geht es mir um ein zweifaches Anliegen: Einer unleugbaren Neoprüderie bzw. Partikularisierung heutzutage werden Aussagen von größter Freimütigkeit, was das Lusterleben betrifft, gegenübergestellt. Weil man im Rahmen einer sogenannten Aufklärung (oft nichts anderes als eine nüchterne Belehrung über Körperfunktionen mit warnendem Unterton – nicht nur eine ungewollte Schwangerschaft oder diverse Geschlechtskrankheiten betreffend) die mögliche Lust prinzipiell verschwieg, auf Orgasmen nicht zu sprechen kam. Dadurch musste natürlich auch eine allumfassende Liebe völlig auf der Strecke bleiben.

Dass es ohne Selbstliebe keine Nächstenliebe gibt, diese Tatsache hätte den Eifer jener, die das Masturbieren verächtlich erscheinen ließen, eigentlich erheblich dämpfen müssen. Heute schweigt man sich darüber beharrlich aus, was aber auch keinen besonders guten Klang hat. Im Übrigen gelten die Onaniefantasien ohnedies immer erwarteten oder vorangegangenen sexuellen Gemeinschaftserfahrungen. Sie nehmen auf lustvolle Vereinigungen mit einem Partner Bezug. Um ein »einsames Laster« und die Befreiung von einem »Triebdruck« (wofür allenfalls ein gewisses Verständnis aufzubringen man bereit war) handelt es sich nicht. Man sprach herablassend von einer Verfehlung, die gebeichtet werden musste.

Immer noch greifen Menschen selbst heute noch voller Entsetzen und Abscheu gelegentlich nach Ausdrücken wie »unnatürlich« und »abnormal«. Dass es auf diesem Gebiet der Normen bedarf, ist nicht zu leugnen, deren Wandelbarkeit aber ebenso wenig. Sexuelle Minderheiten (Schwule, Lesben) werden dann immer noch in niederträchtiger Weise zur Projektionsfläche für uneingestandene Bedürfnisse, vor allem aber alte eigene Ängste.

Was die Natur betrifft, ist durch sie die Fortpflanzung unter Umständen sichergestellt, nicht jedoch die gleichgeschlechtliche Liebe angeprangert und abgewertet. Aus den Zeiten einer sehr hohen Kindersterblichkeit mag das Zusammenfallen von Geschlechtsverkehr mit einem inständigen Zeugungswunsch herrühren. Dass die katholische Moral sowohl die Empfängnisverhütung (Pille) als auch den Kondomgebrauch (unter anderem zwecks Aids-Verhütung) strikt verbietet, bezeugt offenbar den Neid zölibatär lebender Männer, außerdem noch die Geringschätzung der Frau – im Rahmen eines hierarchisch-vertikalistischen Denkens. Man muss hier vor allem von einer völlig ungerechtfertigten Einmischung sprechen. Mit Seelsorge hat das nichts mehr zu tun (abgesehen davon, dass die Beichtfreudigkeit heute nahezu verschwunden ist).

Die herkömmliche Auffassung und Einschätzung von Sexualität (nicht nur die rigide Normierung durch die römische Amtskirche) ist durch unselige Berührungsängste weitgehend belastet. Da war es durchaus verständlich, dass Sigmund Freud auch in der bürgerlichen Welt helles Entsetzen auslöste, als er von einer früh-kindlichen Sexualität sprach. Die Psychoanalyse war für klerikale Kreise damit lange Zeit suspekt. Prof. Erwin Ringel bemühte sich als gläubiger, wenn auch kirchenkritischer Christ, hier Brücken zu bauen. Er war um eine Annäherung bemüht – nämlich zwischen der Freud- und der Adler-Schule.

Wenn man heute gegen die Selbstverständlichkeit, mit der sich die meisten Jugendlichen regelmäßig befriedigen, sich selbst Orgasmen verschaffen, oder aber auch schon sehr früh miteinander sexuellen Umgang haben, nicht mehr einzuschreiten wagt, haben die Kleinen immer doch mit Drohungen und Verboten zu rechnen, sobald sie ganz gezielt nach ihren Genitalien greifen und womöglich dann noch ein gemeinsames »Doktorspielen« stattfindet.

Sollten Heranwachsende jedoch zu hören bekommen, man würde ihr diesbezügliches Verhalten grundsätzlich billigen, wenn es mit Verantwortung verbunden ist, dürfte es sich weitgehend um eine erfreuliche Ausnahme von der Regel handeln. Dass Eltern sich zu einer solchen Aussage veranlasst fühlen (im Blick auf ihre eigenen, ganz anders gearteten Indoktrinationen), sollte aber nicht von vornherein als illusionär abgetan werden.

Folgende Aspekte sind für eine (implizite) Sexualerziehung, vor allem auch das elterliche Selbstverständnis in diesem Zusammenhang, von entscheidender Bedeutung: Im Gegensatz zur Prüderie, dem Verschweigen der sexuellen Lust, als ob damit erst Erwachsene für die Last des Kinderkriegens »belohnt« werden müssten, ganz offen und unverblümt zu reden, ist keine Verführung, sondern eine Notwendigkeit. Diskretion wäre aber auch hier wünschenswert. Ein Leugnen der Willensfreiheit von Heranwachsenden (Jungen und Mädchen, und zwar vor Eintritt der Pubertät) verrät wesentlich mehr Absicht als Einsicht. Es handelt sich dabei um eine ganz und gar unredliche Zweckbehauptung.

Der Sinn des Geschlechtsverkehrs besteht heute, da es Mittel zur Empfängnisverhütung gibt (auch für ganz junge Mädchen), nicht mehr nur in der Weckung neuen Lebens. In erster Linie ist auf diese Weise ein partnerschaftliches Zusammengehören zum Ausdruck gebracht, Hingabe bezeugt, auch der gemeinsame Wille zur Lust bekundet. Diesen Willen gilt es endlich voll aufzuwerten, statt ihn neuerdings wieder in Frage zu stellen.

Ob derlei auch juristisch-sakramental streng festgelegt sein soll oder gemäß gegenseitiger Akzeptanz geschieht, wird wohl weitgehend offenbleiben. Treue ist zwar kein Luxus, aber nicht nur eine Verpflichtung. Hintergehen sollten Geschlechtspartner einander besser nicht. Einander ein offenes Verhältnis einräumen (einen unbedingten HIV-Schutz immer mit eingeschlossen), so etwas wird sich – auch zwischen Erwachsenen – nicht mehr länger von der Hand weisen lassen.

Von größter Bedeutung ist die Anerkennung der Gleichwertigkeit von Mann und Frau bzw. der Geschlechtspartner (was selbstverständlich auch für ein gleichgeschlechtliches Verhältnis – als eine andere Variante von Sexualität – Geltung haben muss). Auch auf diesem Gebiet ist Entwicklung vorrangig als eine personale Angelegenheit in voller dialogischer Offenheit anzusehen.

Peinlich ist nicht die Nacktheit, zu der man sich gemeinsam, aus Überzeugung entschlossen hat. Für eine Rückzugsneigung würde das sehr wohl Geltung haben. Sich dem anderen so zu zeigen, wie man ist und sich vor allem in Form des Erregtseins empfindet, stellt stets ein kostbares Geschenk dar. Wer es jedoch lediglich auf das Erregen von Aufmerksamkeit abgesehen hat, beschreitet damit einen blamablen Ja-aber-Weg.

Ein erhebliches Verunsichertsein aufgrund des Bisherigen darf uns nicht wundern. Doch je weniger Heranwachsende mit den Vorurteilen von einst belastet sind, umso sicherer gelangen sie zu ihrem sexuellen Ausdruck samt lustvollen Erleben. Der Neid sollte ihnen dieses keineswegs streitig machen.

Kastrationsdrohungen Jungen gegenüber, die leider immer noch vorkommen, wie mir aus meiner psychotherapeutischen Praxis bekannt ist, begünstigen das Entstehen einer sadistisch-masochistischen Perversität. Es würde sich dabei (nach Erich Fromm) auch um eine charakterliche Deformation handeln.

Nirgendwo wirkt sich der Einfluss von Machtansprüchen derart verhängnisvoll aus wie gerade auf diesem Gebiet, weil Liebe und Herrschaft einander grundsätzlich ausschließen. Insbesondere gilt es hier, von einem Ich-Wahn entschieden abzurücken, und zwar einem notwendigen Vertrauen zuliebe, ohne das Intimität nicht zu bewerkstelligen ist, zu einer Fiktion entartet, sich dann als Peinlichkeit darstellt. Die Missbrauchsfälle durch Geistliche bestanden in erster Linie in der Gewaltanwendung.

Um der Egomanie auf die Spur zu kommen, gilt es, die folgenden (weit verbreiteten und häufig vorkommenden) Erscheinungen äußerst kritisch zu beachten und dagegen entschieden einzuschreiten, zumindest deren Einfluss zu mindern:

- Beharren im Starrsinn auf den bisherigen »Strategien« (Kampfmaßnahmen, Drohungen, Verboten)
- ein Feindbilddenken, deshalb das krampfhafte Suchen nach Sündenböcken (meist Minderheitenangehörige, gleichgeschlechtlich Liebende)
- Flucht in die vielfach von der Werbung präsentierten sterilen Illusionen (infolge einer infantilen Grundhaltung)
- Perfektionismus, als ob es auf die Zahl der Orgasmen ankäme, ein Wegschieben von Krankheit, Alter, Tod, Widersprüchlichkeiten, Versagen
- Anfälligkeit für Irrationales, Okkultes, alle möglichen Fanatismen, die Neigung, sich in Szene zu setzen
- Aggressionsbereitschaft, und zwar immer als eine Kehrseite der Angst
- Logischerweise: Rücksichtslosigkeit, mangelnde Engagement- und Hilfsbereitschaft, Kinderfeindlichkeit, Verachtung für Anderssein, Prüderie
- Hartnäckiges Festhalten an einem dissoziierenden gesellschaftlichen Vertikalschema (zwischen den Geschlechtern, den Verschiedenaltrigen)
- Unfähigkeit, durch den Dialog oder die volle geschlechtliche Hingabe Ich-Grenzen bewusst und gewollt zu überschreiten.

Der Dualismus als eine (gnostische) Geisteshaltung spaltet nicht nur die Geschlechtspartner, auch Körper und Geist. Alles zerfällt dann in Gegensätze. Außerdem werden andauernd entwertende Vergleiche angestellt. Ausdrücklich sei betont und versichert: Vor allem ein moralistisches Verächtlichmachen der kindlichen und selbst noch jugendlichen Selbstbefriedigung bringt diese Zersetzungsneigung in verhängnisvoller Weise zum Ausdruck.

Die Methoden waren und sind oft kurios, sie können geradezu verbrecherisch sein (wenn man Onanisten vor nicht allzu langer Zeit mit Schwindsucht drohte). So viel ist Keuschheit auch nicht wert, dass sich das auszahlen würde. Hüten wir uns davor, das eigene Verunsichertsein auf Heranwachsende zu projizieren!

»Es ist wünschenswert, dass Sex ein anderes Wort für Auftrieb, Austausch, Wärme sei«, stelle ich am Ende meines Sex-Buchs im Zusammenhang mit diesbezüglichem Besorgtsein fest. Ich äußerte dort noch, Fleisch sei einerseits verletzbar, zugleich aber empfindsam für die liebevolle Annäherung. »Berührungsfähigkeit – bis hin zum Orgasmus der Partner – verdient die höchste Wertschätzung«. Die Sinnhaftigkeit eines solchen Tuns und der damit verbundene Bewegungsantrieb müssen hoffentlich nicht erst bewiesen werden. Auch jene, die man ganz anders erzogen hat, mögen hier eine notwendige Lernbereitschaft bekunden.

Einem Menschen meines Alters, der ebenfalls einst dazu angehalten wurde, sogar »unkeusche Gedanken« zu beichten, schrieb ich, auf seine speziellen Besorgnisse Bezug nehmend, dass ich nicht annehme, aus Heranwachsenden ohne sexuelle Repressionen würden unbeherrschte Weichlinge. Hemmungen – gerade auf diesem Gebiet – sind andererseits das genaue Gegenteil von Bewegung. Dass heute diesbezüglich keine Ängste, Nöte, und Zweifel mehr existieren, muss ich leider ganz und gar in Abrede stellen. Ich warne ausdrücklich vor einer Neoprüderie.

Die Sonderstellung, welche man der Sexualität einräumt, sei es als Lock- oder Abschreckungsmittel, begünstigt lediglich Verkrampftsein. Dieses vergiftet das Zusammenleben, ebenso den einzelnen Menschen, der dann zwischen Wollen und Nichtdürfen steht. Es erzeugt womöglich Impotenz und Frigidität. Wer meint, sich über die offenherzigen und sehr direkten Äußerungen Jugendlicher in meinem Sex-Buch entrüsten zu müssen, dem sei versichert, dass echte Scham die Persönlichkeit vor Zudringlichkeit, Neugier und Einmischung zu schützen hat, keineswegs aber den Sex als etwas Schändliches ausweist.

Die Behauptung von einem geringeren Begabtsein der Frau im Verhältnis zum Mann sei »eine Lüge, die wie eine Wahrheit aussieht«, stellte Alfred Adler apodiktisch fest. Er hat sich übrigens nicht, wie oft behauptet wird, von der Sexualität als solcher distanziert, sondern lediglich von einem inzwischen überholten (mechanistischen) Trieb-Begriff. In der Ungleichbewertung der Geschlechter, der sich Adler widersetzte, wurzeln Missverständnisse, Ungerechtigkeiten und sämtliche Verbote in Bezug auf Sexualität. Der Zwang zur Verlogenheit begünstigt die guten Sitten keineswegs.

In einer Zeit, da technische Einrichtungen dominieren, besitzt das Lusterleben durch »Einswerden im Fleisch« als Ergebnis persönlichen Wollens und als Bekräftigung der Mitmenschlichkeit eine unersetzliche humanisierende Bedeutung. Die vorhandene Selbstentfremdung des Erwachsenen kann abgebaut werden, indem er für die sexuelle Selbstfindung Heranwachsender sorgt. Es war meine volle Absicht, durch das Vorangegangene hinter alte Hemmungen und unnötige Gewissensängste ein kräftiges und hoffentlich befreiendes Fragezeichen zu setzen.

Zögerlich, zweifelnd, halbherzig wäre diesbezüglich nichts auszurichten. Angst wirkt ansteckend. Wundern dürfen wir uns aber schon, mit welcher Selbstverständlichkeit manche jungen Leute den Sex anstreben und voll auskosten. Die Hinwendung zum Du durch das geschlechtliche Erlebnis kann befreiend wirken.

In meinem Buch »Selber Entscheidungen treffen« bin ich auch um eine »Entschärfung der Peinlichkeit« bemüht. Ein kleines Alphabet richtet sich gegen die verbreitete Sprachlosigkeit. Nur das erste und das letzte Stichwort (von 38 weiteren) führe ich hier an:

- Analität: Eine Form des Geschlechtsverkehrs, die oft als verwegen angesehen wird. Spielart vor allem homosexueller Paare, die auch im Heterosex gelegentlich praktiziert und genossen wird.
- Zusammenleben: Häufig geringschätzige Umschreibung für eine nichteheliche Gemeinschaft, die man früher unverblümt Konkubinat nannte und in die Nähe der Prostitution rückte.

Tatsächlich stellt die Befähigung zu sozialem Kontakt ein vorrangiges Erziehungs- und lebenslanges Lernziel dar. Abschließend heißt es dort, jemand, der sich keinen Zwang antut, werde zuweilen »liederlich« genannt, weil Singen offenbar Leichtsinn signalisiert (vielleicht war das zur Zeit der Minnesänger der Fall). Es bedarf jedenfalls des Taktgefühls, einer Empfindung dafür, wie weit Nähe gehen darf und wie viel Abstand gewahrt werden muss, stelle ich zuletzt fest, ohne meine Offenherzigkeit damit zu widerrufen.

9. Motivation als persönlicher Antrieb. Über Größe und Grenzen der menschlichen Willensfreiheit

Die Frage gilt hier jener Kraft, von der die bewusste und gewollte Bewegung ihren Ausgang nimmt, die einen Anstoß gibt und sich dann im Handeln voll und ganz auswirkt. Mit Naturgesetzen wären wir, was das Seelenleben anlangt, übrigens nicht gut beraten. Dass die charakterliche Beschaffenheit vererbt sei, dieses Märchen vergessen wir am besten. Es ist überhaupt von Vorteil, mechanistischen Vorstellungen ehebaldigst den Abschied zu geben.

Auch die Wissenschaft dürfte diesbezüglich nicht immer ganz unvoreingenommen sein. Sie erstellt zugunsten von Autoritäten offenbar manchmal Gefälligkeitsgutachten, wenn sie die Möglichkeit eigenständigen menschlichen Tuns und Lassens als etwas äußerst Fragliches, Vorgestriges erscheinen lässt oder sich zu diesem Thema auffallenderweise äußerst zurückhaltend gibt.

Dass Gefühle (Emotionen) am Motiviertsein beteiligt sind, wir kaum immer nur einer zwingenden Logik Folge leisten, darauf deutet nicht zuletzt die Wortähnlichkeit hin. »In Bewegung bleiben« ist mit Motiviertsein nahezu identisch, wobei wir es grundsätzlich mit einer höchst persönlichen Angelegenheit zu tun haben, die uns besser niemand ausredet oder abgewöhnt.

Beweggründe (Motive) erweisen sich jedenfalls als unverzichtbar für ein handelndes Stellungnehmen – zur Umwelt, den Mitmenschen gegenüber, in einer ganz bestimmten Situation, auch was Selbstgestaltung anlangt. Es kann gut möglich sein, dass die Willenskraft – durch sogenannte Vorgesetzte – zuungunsten des einzelnen Menschen gelegentlich überschätzt wird, wenn es nämlich ausgerechnet und vielsagenderweise um die Schuldfrage geht.

Dieselben Ankläger, die jemandem ein Fehlverhalten vorwerfen, fordern unbedingten Gehorsam, üben damit einen Denkzwang aus, verlangen den Verzicht auf freies Handeln und Entscheiden. Das Beschuldigen steht dazu offenbar in keinem Widerspruch. Als unanfechtbar logisch erweist es sich allerdings nicht; es ist jedenfalls höchst tendenziöser Natur.

Sollten im Gewissen von Anfang an lediglich Drohungen und Verbote gespeichert sein, die Erinnerung an erlittene Nachteile (Strafen), außerdem eine bestimmte Vorstellung von Ordnung existieren, in welcher stets Befehle vonseiten Höhergestellter abzuwarten sind, ehe es heißt: »Rührt euch«, wäre einem solchen Menschen bloß eine äußerst demütigende Marionettenexistenz zugestanden. Der Zwang zur Konformität, später ausgeklügelte Vermeidungsmaßnahmen, weisen sehr viel Ähnlichkeit miteinander auf.

Mit Recht wird das (zwanghafte) Über-Ich-Gewissen von Freud als »Tyrann in der eigenen Brust« bezeichnet. Kindern ist die Möglichkeit des Ausprobierens, um schließlich selbstständig handeln zu können, grundsätzlich einzuräumen, wobei Gefahren (ohne übertriebene Ängstlichkeit) natürlich vorgebaut werden muss. Mehr möchte ich zu dieser vorrangigen Erziehungsaufgabe nicht sagen. Die massiven Drohungen des Kinderbuchklassikers »Struwwelpeter« sollten uns hier zur Warnung dienen.

Auf die Frage, wodurch jemand motiviert wird, erhielt ich von Therapiepatienten sehr unterschiedliche Antworten. Viele lassen sich vom Mitleid (»Weil ich selber weiß, wie das ist«) zum Helfen bewegen, manche wollen zeigen, was sie können, einige haben die Absicht zu schockieren (nicht gerade immer heilsam …). Eine Dame (49) gestand mir, sie lasse sich hauptsächlich zum Neinsagen veranlassen, wenn einer sie für dumm verkaufen, das heißt überreden will. Aggressive Werbung wird von intelligenten Menschen jedenfalls nicht geschätzt. »Ich erfülle mit Vorliebe unausgesprochene Kinderwünsche bei meinen Enkeln«, erklärte ein gutherziger Achtzigjähriger (weil man seine Wünsche einst »grundsätzlich ignoriert« hat).

Willküakte bis hin zu grauenhaften Verbrechen, mit denen niemand im Ernst gerechnet hat, sind eventuell als Ausbruchsversuche von Unterdrückten anzusehen. Manch einem ist das aufgezwungene ständige Harmlos- und Freundlichsein schließlich viel zu eng geworden. Dieser glaubte, sich für diese (gut gemeinte) Grausamkeit ganz plötzlich rächen zu müssen. Entschuldigung ist das keine, wohl auch für den nicht, der alles darangesetzt hat, eine solche traurige Musterkreatur zu züchten.

Diversen psychosozialen Katastrophen steht ein Handeln aus Verantwortung samt Pflichtgefühl, aber dennoch autonom, das heißt personal-eigenständig – aufgrund bewusst freien Entscheidens – gegenüber (im beruflichen und familiären Alltag). Von einem Menschenbild dieser Art fühlen sich Technokraten in ihrem Ich-Wahn natürlich erheblich gestört und aufgescheucht. Dann ergibt es sich wie von selbst, dass man den Determinismus zu einem Dogma erklärt. Freiheit und Würde des Menschen werden als angebliche Produkte einer einstigen Selbstüberschätzung verachtungsvoll abgetan (wie das bei B. F. Skinner allen Ernstes der Fall ist).

Im Konzept der sogenannten Verhaltenspsychologie haben die Menschenrechte dann eigentlich keinen Platz mehr. Alles hat nach dieser verengten Auffassung wie auf Schienen oder per Knopfdruck zu laufen. Die Beschleunigung lässt dann bezeichnenderweise wenig Zeit zu kritischem Nachdenken. Im Übrigen sehe ich zwischen einer religiös gedachten »Vorherbestimmung« (göttlichen Fügung) und unausweichlichen, quasiphysikalischen innerweltlichen Abläufen, die mir ebenfalls auferlegt sind, keinen nennenswerten Unterschied. Ich fühle mich jedenfalls meiner Freiheit beraubt.

Mit Sicherheit scheint es so zu sein, dass Machthaber (auch ein zum Allmächtigsein ernannter Gott) nichts so sehr verabscheuen wie menschliche Eigenständigkeit, die tatsächliche Selbstbestimmung, das heißt ein Entscheiden jenseits von Trend und Befehl. Die persönliche Überzeugung müsste im Verhältnis zu Heranwachsenden jedenfalls eine ganz wichtige Rolle spielen.

Statt »Verhaltenstechnologie«, von der B. F. Skinner zynisch behauptet, sie stelle »okkulte Qualitäten« in Frage, fordere ich gerade heute, angesichts von so viel Härte und Grausamkeit, Ehrfurcht vor der Person und den Qualitäten eines unverwechselbaren Selbstseins in Verbindung mit anderen Menschen. Denn wir sind aufeinander angewiesen, wobei Liebe gleichsam alles ist, Gefühl, Denkergebnis, vor allem der Wille zur Gemeinschaft, jedenfalls nichts Blindes, Sentimentales, Ausgefallenes.

Die Lernzielplaner behavioristischer Provenienz müssen ihre ungerechtfertigten Machtansprüche unbedingt hinterfragen. Die Schule vermittelt nämlich lediglich das Material, ein Wissen und Können, über dessen Verwendung der Schüler später ganz persönlich zu entscheiden hat. Der Wirtschaft oder sonst jemandem Einflussreichen kommt jedenfalls keineswegs das Recht zu, bei Bildungseinrichtungen bestimmte Qualifikationen zu »bestellen«, sozusagen in Auftrag zu geben, Firmen-Bedürfnisse anzumelden.

Vor einem Reiz-Reaktions-Schema (im Grunde: der uralten Lohn-Strafe-Strategie) im Unterricht und anderswo sei ausdrücklich gewarnt. Dadurch würde der Mensch zu einem seelenlosen Automaten gemacht. Lernen bestünde gemäß einer verengten, technizistischen Auffassung in einer als Konditionierung bezeichneten Dressur – ohne eigene Einsicht, und zwar in Richtung auf erwünschte Verhaltensweisen. Dabei handelt es sich ausschließlich um Wünsche der sogenannten Obrigkeit, irgendwelcher Instanzen, für die der Gedanke, dass jeder Mensch die Dinge ein wenig anders sieht, einen absoluten Horror darstellt (als ob wir vor allem im abgelaufenen Jahrhundert mit Diktaturen und Ideologien nicht schon genug schlechte Erfahrungen gemacht hätten).

Sofern der Mensch sich von Natur aus in einer defizitären Verfassung befindet, ein Mängelwesen ist, bedürfen wir der Kultur, die aber jedem zugleich einen schöpferischen Freiraum einräumt. Andernfalls hätten wir es mit brutalem Vergewaltigtwerden zu tun. Außerdem gäbe es dann keinen echten Fortschritt. Das Aufzwingen von »Verhalten« als Reaktion vermag ich nur mit Abscheu als einen Anschlag auf Humanität zu betrachten.

Zu einem Motivationsschwund kommt es, wenn alle Vorgänge und Abläufe durch Institutionen festgelegt, bürokratisch reglementiert sind, immer nur der Buchstabe gilt, nicht der Geist. Dasselbe trifft auf Anpassungszwänge zu, den Einfluss der Gewohnheit, ein neurotisches Erstarrtsein. Wer sich zum Beispiel von der

Wirtschaftswerbung zu Einkäufen verleiten lässt, ist ebenfalls in eine Art Sklaverei geraten. Das gilt auch für jede Art von Sucht.

Handeln zeigt sich uns zunächst als abstrakter Begriff. Der Tatsache selbst werden wir durch die Vorstellung von Außen- oder Innen-Reizen nicht gerecht. Immer haben wir es in Wirklichkeit mit einem Beziehungsphänomen, das heißt einer Stellungnahme der Welt gegenüber zu tun. Andererseits wird völlig zu Recht behauptet: »Wenn zwei das Gleiche tun, ist es nicht dasselbe«. Das spricht nicht für Gegensätze, weist auf unterschiedliche Beweggründe hin.

Nicht Ursachen, denen wir ausgeliefert wären, sondern selbstgewählte Ziele sind in unserem Leben ausschlaggebend. Die Wahl erfolgt letztlich – trotz aller möglicher Einflüsse – freiwillig. Das hat auch für etwaige Korrekturen Geltung. Die aufeinander bezogenen Teile bilden eine offene Ganzheit. Beim Trieb-Begriff hat es sich seinerzeit um eine materialistische Vorstellung gehandelt (obwohl der Einfluss biologischer Faktoren keineswegs geleugnet werden darf). Nur im Krankheitsfall sind wir einzig und allein um die Aufhebung einer Bedürfnisspannung bemüht.

Folgende Impulse können hinsichtlich Handlungs-Dynamik als motivierende Kräfte unterschieden werden, wobei immer der Einfluss von Denken (Einsicht, Überlegung, Erinnerung) notwendigerweise dazugehört, Selbstsein sich aber erst durch den freien Entschluss bekundet und dann allmählich zu entfalten vermag:

• Reflex (als Schutz des Organismus vor Verletzungen – mit einem Minimum an Freiwilligkeit)

• Instinkte (angeborene Handlungsschemata, verglichen mit den Tieren, beim Menschen stark reduziert oder überhaupt fehlend; als Beispiel allenfalls das Saugen des Neugeborenen)

• Triebe (der Selbst- und Arterhaltung von Nutzen, von Anfang an jedoch soziokulturell überformt, was vor allem für die Sexualität Geltung hat)

• Bedürfnisse (in ihnen bekunden sich physische und psychische Notwendigkeiten zugunsten der Erhaltung und Entfaltung des individuellen Lebens)

- Interessen (eine persönliche Anteilnahme an sachlichen oder mitmenschlichen Gegebenheiten nötigt uns dann auch zu manchem Verzicht)
- Wertstreben (sowohl im Sinn von Selbstverwirklichung als auch in Form einer Teilhabe an gruppenspezifischen Zielen, Idealen, sozialen Aufgaben).

Jede Handlung kann mehrfach motiviert sein. Manche Antriebe sind unserem Bewusstsein entzogen. Erst im Fall eines Konflikts (wobei es sich um einander entgegengesetzte Antriebe handelt) denken wir über persönliche Grundhaltungen nach, unterziehen dann vielleicht unseren Lebensstil einer kritischen Prüfung. Die Defizit-Motivation endet mit der Sättigung (beim Hunger und anderen Mängeln), die Wachstums-Motivation dauert an, solange wir leben.

Was Konflikte anlangt, dient die Individualisierung (»Du bist selber schuld«) lediglich einer Verschleierung inhumaner gesellschaftlicher Verhältnisse, die Annahme einer »Konfliktträchtigkeit« ebenfalls. Als Modell kann folgender Fall angesehen werden: Ein Kind will die Gunst der Eltern nicht aufs Spiel setzen. Zugleich treten bei ihm Wut und Hass als Frustrationsfolgen auf. Solche Gefühle werden dann verdrängt, was früher oder später dem Betreffenden, aber auch seinen Nächsten zum Schaden gereicht.

Nicht wenige Menschen sind durch die Art, wie sie erzogen wurden (durch Konditionalsätze: »… dann mag ich dich nicht mehr«), für Liebesentzug sensibilisiert. Im Falle der Bedrohung (etwa in Form eines Außenseiterdaseins) neigen sie – reflexartig – zur Unterwürfigkeit. Der verdrängte Konflikt bricht als Neurose früher oder später dennoch hervor, und zwar in Form eines chronischen Misstrauens gegen sich (Zwangsgewissen) und alle anderen.

Eine echte Konfliktlösung fordert immer die Beseitigung der Kommunikationsstörung. Andernfalls entartet Freiheit zum Trotz, wird zur Willkür. Verschiedene Abwehrmechanismen (zum Beispiel Projektion, Identifikation, Rationalisierung) gelangen dann zum Einsatz. Zwischen Konflikt und Krise existiert übrigens – nicht nur in sprachlicher Hinsicht – ein Zusammenhang. Die Krise (als Anlass zur Veränderung) erfährt im Konflikt eine Verschärfung. Eine »Erziehung zur Konfliktfähigkeit« scheint in Zeiten von Spannungen aller Art, eines Wertpluralismus, beruflicher Ängste und mancherlei Zwängen, von besonderer Bedeutung.

Als Fehlform hat die Hemmung, eine Art Totstellreflex, zu gelten. Hier wird auf Handeln gänzlich verzichtet. Es fehlen Mut, Selbstsicherheit, vor allem ein Gemeinschaftsgefühl. Das mangelnde Urvertrauen (im Säuglingsalter), insbesondere das Vorherrschen von Scham und Zweifel (aus der Analphase, als man die Ausscheidung beherrschen lernte) wirken im weiteren Leben schädigend.

Dann ist einer ständig auf Rückzug oder Angriff vorprogrammiert. Durch die Tabuisierung der Sexualität, eine damit zusammenhängende Sprachlosigkeit, kommt es unweigerlich zu einer Verschärfung des Kämpfens. Einst galt es als lobenswert, wenn einer sich beherrschen lernte, indem er sein »Laster« bekämpfte. Die dabei erfolgte Selbstentfremdung nahm man großzügig in Kauf.

Gehemmtsein als Freiheitseinbuße bedeutet unter Umständen Lebensverneinung, was in letzter Konsequenz zum Selbstmord führen würde. Erwin Ringel hat gezeigt, dass es diesbezüglich (neben der psychotischen Depression) auch eine spezielle neurotische Fehlentwicklung gibt. Das sogenannte präsuizidale Syndrom umfasst folgende Symptome (deren zahnradartiges Ineinandergreifen zur Katastrophe disponiert):

• Einengung (es handelt sich um eine Reduktion des Emotionalen – in situativer, dynamischer, sozialer Hinsicht; bisherige Interessen gehen stückweise verloren. Gleichgültigkeit und Langeweile nehmen überhand)

• Gehemmte, gegen die eigene Person gerichtete Aggression (wobei es sich nicht etwa um einen Aggressions-Trieb, sehr oft um die Identifikation mit dem Angreifer handelt; wesentlich ist hier ein pervertierter Wille – einer ohne Freiheit, genauer gesagt eine Art Zwangsläufigkeit)

• Selbstmordfantasie (das Denken ist nur noch mit der Durchführung des Schrecklichen beschäftigt, andere Lösungen werden gar nicht mehr in Erwägung gezogen).

Zur Tatsache, dass weltweit die Zahl der Selbstmordtoten die der Verkehrsopfer bei Weitem übertrifft, das folgende »Stimmungsbild«: Eine Lebensmüde befand sich die längste Zeit am Rand eines Hochhausdaches. Verrohte Jugendliche, die sie bemerkten, riefen mit zunehmender Lautstärke: »So spring doch endlich!« Weil es auch Hilfswillige gab, nahm die junge Frau von ihrem Vorhaben schließlich Abstand.

Im Gegensatz zu Mord oder Selbstmord steht der produktive Freiheitsgebrauch, dessen Grenzen allerdings nicht verschwiegen werden sollen. Oft sind an einer Handlung sowohl Kausalität als auch Finalität beteiligt.

Stets erzeugen Machthaber mutwillig bei einem Menschen Minderwertigkeitsgefühle, suggerieren angebliche Notwendigkeiten, die starke Hand, eine unverzichtbare Programmierung. Demokratisches Leben ist immer nur möglich, wenn Freiheit, Menschenwürde und Personalität volle Anerkennung finden.

Nur sofern freies Handeln voll verantwortet wird, kann es als ein Reifekriterium gelten. Es handelt sich dabei stets um einen gewissen Spielraum, niemals um totale Schrankenlosigkeit. Zu einer derartigen Illusion neigt wahrscheinlich immer nur jemand, der sich lange Zeit gefesselt und eingekerkert, um jegliche Bewegungsmöglichkeit gebracht fühlen musste. Unterdrückte Menschen neigen zu Übertreibungen, dem anderen Extrem, bringen Freiheit dann notwendigerweise in Misskredit.

Beweisen lässt sich die Willensfreiheit nicht. Dass es andernfalls weder Gutes noch Böses gäbe, ist kein direkter Beweis, gibt uns aber doch zu denken. Es handelt sich hier um ein philosophisches Postulat, das in engster Verbindung mit der Auffassung vom Menschen als Person steht – im Hinblick auf eine selbsterkannte Pflicht (im Sinn von Immanuel Kant).

Kampf zielt immer auf eine Zerstückelung und Schwächung ab. Es wäre deshalb stets der falsche Weg, sich kämpferisch zu gebärden. Ein »Willenstraining« bewirkt oftmals lediglich Verkrampfung, somit Unechtheit. Aufeinander Rücksicht nehmen würde hier völlig ausreichen, weil es sich dabei zuweilen auch um etwas durchaus Anstrengendes handeln kann. Von Opferbringen sprechen wir hier aber besser nicht.

Wille als Handlungsbereitschaft ist gleichbedeutend mit Mut, der vonseiten des Mitmenschen immer auch einer Stärkung bedarf, gerade wenn es sich um ein kleines Kind handelt. Wir sind aufeinander auch diesbezüglich angewiesen, halten Ausschau nach Unterstützung, spüren Sehnsucht nach dem Du, wünschen uns jemanden, der uns vielleicht einladend anlächelt. An ein Verführungskunststück denke ich dabei nicht, auch nicht um ein Werbemittel zwecks Umsatzsteigerung.

Man erwartet sich von mitmenschlichen Begegnungen im Allgemeinen nicht so sehr einen bloßen Informationszuwachs, allerlei Auskünfte, als vielmehr – gelegentlich – eine echte Zuwendung, auch zuweilen in Form von Zärtlichkeit. Ohne Selbstvertrauen unterbleibt aber die Öffnung zum Du, gibt es keine Bewegung, immer nur Erstarrung und Fixiertsein. Zumindest der eine müsste ein Entgegenkommen zeigen, ein Angebot machen und die Annäherung wagen – mit dem Mut zum Abgewiesenwerden.

Es besteht ein gewaltiger Unterschied, wer aus welchem Grund Grenzen zieht. Zuweilen handelt es sich lediglich um die Folgen von Not und Elend. Nicht alle Armen betteln, manche verstecken sich. Aber auch ein Konformitätszwang kann gegeben sein.

Zuweilen herrscht heutzutage der Terror, das organisierte Verbrechen, ein weltanschauliches Entzweitsein, der blanke Neid zwischen Verschiedenaltrigen, Verachtung wegen Anderssein. Allerlei herkömmliche und neuartige Einschüchterungsmethoden kommen zum Einsatz. Es ist aber auch denkbar und wünschenswert, dass jemand sich völlig freiwillig – zum Beispiel durch die Übernahme eines helfenden Berufs – für andere nützlich macht, ohne deshalb mit einem Helfersyndrom (W. Schmidbauer) behaftet zu sein, den Betreuten somit nicht zu einem bloßen Mittel degradiert.

Pflegedienste bedürfen künftig nicht nur einer wesentlich höheren Entlohnung, sondern auch eines gestärkten sozialen Images, einer ganz besonderen Form von kollektiver Dankbarkeit. Die Übereinstimmung von solidarischer Gesinnung mit einer die Person auszeichnenden Freiheit und Würde wäre die angemessenste Lebensmodalität. Hier treffen wir auf einen Zusammenlebenswillen.

Die produktive Freiheit besteht im Verzicht auf eine Ich-Überschätzung, und zwar zugunsten von mitmenschlicher Zusammengehörigkeit und einzelmenschlicher Notwendigkeit.

Sinn und Bewegung gelangen gerade hier zu einer Einheit, stehen (immer schon) fraglos im Einklang, wirken äußerst wohltuend, machen Menschen glücklich und zufrieden – nach all den sinnlosen Kämpfen und einem oftmaligen lächerlichen Rivalisieren. Motivation muss endlich aufhören, ein Schlagwort aus dem Bereich der Wirtschaftswerbung zu sein.

Die Sache selber mag sich zuweilen als ziemlich anstrengend erweisen. Sie ist jedoch unbedingt gefordert, damit einer weiß, was er wirklich will und danach ehrlichen Herzens zu handeln voll und ganz bereit ist. Zu manchem müssen wir uns durchringen.

10. Die Wahrnehmung: Mit etwas oder jemandem in Berührung kommen. Grundlage und Resultat von Erleben

Über Erlebnisse sprechen wir im Allgemeinen nur, wenn etwas unsere Aufmerksamkeit ganz besonders auf sich zog. Der Alltag hat diesbezüglich recht wenig zu bieten. Die Erinnerung eines Menschen »lebt« vorwiegend von Höhepunkten, Ausnahmen, Überraschendem – in beglückender oder verletzender Art und Weise.

Als eine trockene Angelegenheit lässt sich die Wahrnehmung, von der unser Umweltbezug maßgeblich abhängt, nicht einschätzen (höchstens für eine wissenschaftliche Betrachtung mag das zutreffen). Durch unsere Sinne sind wir zur Welt hin offen, nehmen unentwegt Eindrücke aller Art auf, verarbeiten diese. Zugleich entscheidet die Bereitschaft eines Menschen, darüber hinaus sein personales Beschaffensein, über die besondere Kapazität. Nicht alle sehen das Gleiche jedenfalls nicht in gleicher Weise.

Irgendwie trifft hier alles zusammen, was den Menschen und seine Umwelt anlangt, wenn sich dieser als Körperwesen aufnahmebereit gibt, darüber hinaus schlussfolgernd, sich an Vergangenes erinnert, in Erwartung ist gegenüber dem, was kommt. Dass Denken nicht erst der Wahrnehmung nachfolgt, sie begleitet, es hier keine säuberliche Scheidung gibt, das sei ausdrücklich betont.

Wenn die Sinne (gemäß einer langen Tradition und neuerdings wieder) einen schlechten Ruf haben, nicht nur weil sie ungenau und täuschungsanfällig sind, würden Fenster und Türen fest geschlossen bleiben. Im übertragenen Sinn ist in diesem Fall mit einer schlechten Atemluft zu rechnen, am Ende gar mit einer Art Erstickungsgefahr. Ohne Berührung, den Kontakt, »verwelken« unsere Gefühle, Interessen, vor allem die Engagementbereitschaft. Ein Mensch wird zunehmend teilnahmslos, zieht sich zurück, gerät in eine (womöglich präsuizidale) Einengung.

Der Privatismus wäre alles andere als eine empfehlenswerte Lebenseinstellung, sei entgegen weitverbreiteten heutigen Gepflogenheiten glaubhaft versichert. Ein Ganz-für-sich-sein-Wollen funktioniert nicht. Hoffentlich regt sich dann und wann wenigstens die Neugier. Das beziehungslose Individuum wäre nicht lebensfähig. Es handelt sich hierbei um eine pure Abstraktion.

Wiederholt ist mir aufgefallen, dass nicht nur das Kontaktbedürfnis von Psychotherapie-Patienten zunimmt, sondern sich auch deren Gesichtskreis allmählich erweitert. »Mir fallen jeden Tag Dinge auf, die ich bisher glatt übersehen habe. Zumindest lässt mich vieles nicht mehr so wie bisher kalt«, erfuhr ich erst unlängst. Der Betreffende (58), in höherer Position befindlich, ging in seinem Beruf bisher buchstäblich auf. Der Erfolg gab ihm recht, sein Gesundheitszustand sprach aber dagegen. Allerlei Psychosomatosen machten den trocken wirkenden Menschen schließlich sehr nachdenklich, der sich zunächst nur zunehmend verstimmt gefühlt hatte.

Ein Verringerung, was Selbstsein betrifft, war ihm zuvor schon aufgefallen. »Ich sah, hörte, spürte nur Dinge, auf die es im wirklichen Leben eigentlich gar nicht ankommt. Meine Mitarbeiter vermochte ich mir zum Beispiel gar nicht mehr vorzustellen.« Ein gewaltiger Appetit des Mannes blieb nicht ohne nachteilige Folgen. Ich gab ihm zu bedenken, dass sich der Körper auf irgendeine Weise zu erkennen gibt, auf Gestörtsein aufmerksam macht.

Das ursprüngliche Misstrauen einem jeden gegenüber, von Kindheit an, trat nun immer deutlicher hervor. »Sinnlichkeit« war ein Ausdruck, den die Mutter zuweilen verächtlich gebrauchte. »Selbstbeherrschung« dagegen fand stets lobende Worte, höchste Anerkennung. In Wirklichkeit vermag jemand nur etwas zu leisten, der sich auf seine physiologische Beschaffenheit verlassen kann, ein gewisses Durchhaltevermögen besitzt, »nicht auf einem Bein steht«, bemerkte der Patient halb belustigt.

»Das Übermaß, was meine Nahrungsaufnahme betrifft, war ein verzweifelter Versuch, ein schwerwiegendes Defizit auszugleichen«, lautete schließlich die befreiende Einsicht des unverheirateten Mannes. »Ich habe mir höchstwahrscheinlich ein abstoßendes Äußeres zugelegt, weil ich vor dem Sex so große Angst hatte«, gestand er außerdem nachdenklich-trauernd.

Gerade im Bereich der Wahrnehmung gelang es der Psychologie, ihre ursprünglichen materialistischen Vorstellungen abzustreifen und (teilweise) loszuwerden. An die Stelle einer »Psychophysik« trat der Gedanke an eine leib-seelische Ganzheit, die gleichzeitig nach außen hin offen ist. Nicht Elemente (Eindrücke) werden zusammengesetzt, sondern die Detailkenntnis folgt immer erst dem Gesamteindruck nach, an dem der Mensch mit seiner speziellen Beschaffenheit aktiv-schöpferisch teilhat. Der subjektive Anteil ist keine Schande, sondern eine Notwendigkeit.

Der Wahrheitsgehalt mag sich dann manchmal in Grenzen halten – nicht nur eines flüchtigen Hinschauens wegen, sondern weil bestimmte Wertvorstellungen eine beträchtliche Wirksamkeit entfalten, von da her Missbilligung oder eine besondere Zustimmung gegeben sein kann. Auf unsere Objektivität sollten wir uns daher besser nicht zu viel einbilden. Es handelt sich dabei nicht selten um beträchtliche Vorurteile. Gegenstände mögen uns vielleicht einigermaßen so erscheinen, wie sie sind, Mitmenschen jedoch nicht.

Wir verhalten uns im Kontakt mit anderen zuweilen starr, rechthaberisch, lieblos. Die Sinneseindrücke bedürften grundsätzlich einer genaueren Überprüfung. Dann heißt es vielleicht – auch bei einer Sache: Das muss ich mir noch genauer anschauen, darüber soll ich wahrscheinlich erst einmal gründlich nachdenken (ehe ich über etwas oder jemanden ein Urteil fälle, was am besten ganz unterbleibt). Es wäre für unser Seelenleben von Vorteil, wenn wir statt der rasch aufeinanderfolgenden medialen Reize irgendwo verweilen, ein Bild in uns aufnehmen, nachwirken lassen, dabei zur Ruhe kommen, ohne freilich einzuschlafen.

Mir widerstrebt es, gestehe ich ganz offen, Sehen, Hören, Riechen, Schmecken, Tasten sozusagen einzeln abzuhandeln (wie es sich für ein Lehrbuch gehören würde). Stattdessen hebe ich die Bedeutung der Sinne, des Körpers und der Gefühle in ihrem unauflösbaren

Zusammenwirken hervor. Wer hier bloß nach Quantitäten Ausschau hält, würde auf diese Weise reduktionistisch verfahren, begreift somit fast gar nichts von dem, worauf es ankommt.

Der Sehvorgang erfolgt immer selektiv, was für die anderen Sinnesfunktionen ebenfalls Geltung hat. Wir fühlen uns entweder angesprochen oder reagieren abweisend. Eine Forderung von Alfred Adler käme uns sehr zugute: »Mit den Augen des anderen sehen, mit seinen Ohren hören, mit seinem Herzen fühlen.« Ein diesbezüglicher Mangel hätte zur Folge, dass wir auf das Zusammenleben ziemlich schlecht vorbereitet sind.

»Ist das ein reiner Zufall oder aber Schicksal?«, fragte mich ein Patient (46) halb belustigt, halb verunsichert. Seit er sich einen roten Peugeot kaufen will, »fahren in der Stadt nur noch rote Peugeots herum«. Manchmal hört man etwas heraus, was gar nicht gesagt wurde, glaubt etwas zwischen den Zeilen zu lesen, ohne dass es wirklich dort steht. »Nur nicht anstreifen«, heißt es, wenn man jemanden »nicht riechen kann«.

Ein Schüler, der angeblich »nicht bei der Sache« ist, befindet sich mit seinem Vorstellungsvermögen bei einer anderen Sache. Etwas besitzt im Augenblick für ihn wesentlich mehr Bedeutung als das Auflösen einer mathematischen Gleichung oder die Zahl der Blutplättchen im Rahmen des Biologieunterrichts. Vielleicht erinnert er sich an Intimes, ein geschlechtliches In-Berührung-Kommen, spürt dabei auch seinen Körper, die Erregung, eine Gliedversteifung, das ganz intensive Begehren.

Angeblich fungiert der Sex (wie dieses Beispiel zu beweisen scheint) als Ablenkung – von der Pflichterfüllung. Für den Zwiespalt, in die ein Mensch durch Verbot und Verlangen zunehmend gelangt ist, mag das durchaus zutreffen. Das Selbstwertgefühl entstammt andererseits nicht nur dem guten Aussehen und diversen Glanzleistungen, vielmehr der uneingeschränkten Hingabe an andere und einer dafür empfangenen glaubhaften Akzeptanz.

Wer ständig kritisiert wird, muss schließlich zu der Überzeugung gelangen, dass er ohne ständige Kontrolle einfach zu nichts taugt. Er gerät auf diese Weise in ein Ohnmachtsgefühl, als dessen

Fehlkompensation schließlich Machtergreifung in irgendeiner Art (meist Schwächeren gegenüber) zur Geltung kommt.

Der verbissene Ehrgeiz des Übertreffenwollens wirkt sich in sozialer, aber ebenso in psychophysischer Hinsicht ausgesprochen sinnzerstörend aus. Auf diese Weise werden unweigerlich »Gegenmenschen« erzeugt, heranwachsen. Zur Eingangsdiagnose, dass einer sich selber nicht mag, bedarf der Psychotherapeut dann wirklich keiner hellseherischen Fähigkeiten.

Was den Sehvorgang betrifft, so ist dieser keineswegs nur auf optische Reize angewiesen. Wir sehen immer mehr, zugleich weniger als das Vorhandene. Erinnerung und Erwartung wirken dabei mit. Weil unsere Sprache auch bildhafter Natur ist, die Stimme das Gestimmtsein wiedergibt, erfolgt eine diesbezügliche Ergänzung. Geruch und Geschmack weisen uns als Lebewesen aus, die Berührung als Kultur- und Sozialwesen. Taktgefühl bedeutet nicht etwa, jemandem ausweichen, vielmehr von der Wortbedeutung her (lat. tangere) um Annäherung bemüht sein, schließlich Kontakt finden, und zwar nach dem Maß beiderseitigen Zulassens.

»Kein Lebewesen kann gedacht werden ohne Kommunikation. Kein Lebewesen kann als geschlossene Einheit gedacht werden«, schreibt Hans Burkhardt. »Das Leben des Individuums lässt sich darstellen als eine Kette von Interaktionen mit dem Leben der anderen. Es sind sinnliche Interaktionen.« Eine andere Aussage dieses Autors erscheint mir ebenfalls höchst beherzigenswert: »Ordnung ist notwendig, aber Ordnung ist ein problematischer Ersatz für die ursprüngliche Wechselseitigkeit.« Im Grunde begreifen wir fast gar nichts ohne ein liebendes, zärtliches, verlangendes, sinnliches In-Berührung-Kommen, Ergriffensein. Ohne Sinnlichkeit bleiben die Begriffe kalt, tot, nichtssagend.

»Wer nicht hören will, muss fühlen«, ist ein ausgesprochen sadistischer Erziehungsgrundsatz. Das Opfer fühlt den Schmerz des Geschlagenwerdens – im Gesicht, wo sich Augen und Ohren befinden, auf das Gesäß, nahe den Geschlechtsteilen. Der Gehorsam wird vom Erzieher offenbar höher eingeschätzt als die Menschenwürde.

Die akustische Distanz verrät bereits das Misstrauen. Es wird noch gesteigert durch diverse Misshandlungen, Bosheitsakte, demonstrative Herrscherallüren anstelle von »Streicheleinheiten«. Jemand rächt sich für das, was einmal war, fällt einer Verwechslung anheim, misshandelt eigentlich sich selbst.

Die Welt weist – gemäß solchen Erlebnisweisen, nämlich für den Geprügelten – lediglich eine Vertikalstruktur auf. Es existieren in ihr bloß Über- und Unterordnungsverhältnisse. Gerade darin besteht, um nochmals auf die schlechte Luft zurückzukommen, die eigentliche Erstickungsgefahr. Enge, das heißt Angst (von lat. angustia, Atemnot), spielt neben dem chronischen Misstrauen meist eine äußerst verhängnisvolle Rolle.

Man ist versucht, in einer Zeit zunehmender Automatisierung und gleichzeitiger Abstumpfung hinsichtlich Mitgefühls an den Menschen als Lebewesen zu appellieren, ihn darüber hinaus aber auch an seine Sterblichkeit zu erinnern. Es wäre darauf hinzuweisen, dass die Frist des Sich-nützlich-Machens begrenzt ist. Ohne die Sinne und die von ihnen in Gang gesetzte Bewegung bliebe unser Dasein sinnlos. Wir wüssten nicht, wozu wir eigentlich gelebt haben, auf die Welt gekommen sind.

Neurotische Beziehungsmuster zeichnen sich vor allem durch die Fehlinterpretation von Sinneseindrücken aus. Bei einer Psychose (Wahnvorstellung) ist das in noch viel höherem Maß der Fall. Unlängst erklärte mir ein Patient, in seinem Beruf käme es in erster Linie darauf an, sich gegen andere durchzusetzen.

Ich dachte mir, sprach es aber nicht aus: »Das beabsichtigt man in Nordkorea mit der Atombombe ebenfalls.« Es handelt sich um einen Menschen, der als Einzelkind bei Verwandten aufwachsen musste, denen er eine Last war, die sich daher ihm gegenüber autoritär gebärdet haben. Von da scheint sein ausgeprägter Sozialpessimismus herzurühren.

Ein Phänomen, mit dem keineswegs nur im Rahmen der Psychotherapie gerechnet werden muss, heißt Übertragung. Viele Menschen neigen dazu, Erfahrung, die sie in ihren ersten Lebensjahren (mit Eltern, Geschwistern, Verwandten) gemacht haben, als angenehme Erwartung oder Befürchtung von Grausamkeit viel später auf Menschen – vor jeder tatsächlichen Kontaktnahme – zu übertragen. Zufällige Ähnlichkeiten werden fälschlich als Gleichheit angesehen. Es kommt dadurch notwendigerweise zu Verwechslungen, außerdem auch einem Aneinander-Vorbeireden.

Selbst wenn man die Sinne keineswegs mit Genusssucht, Unersättlichkeit, etwas Niederem und Verachtenswertem gleichsetzt, genügen die Eindrücke, die wir durch sie empfangen, nicht. Sie müssen immer erst einer Deutung unterzogen werden, die in einem persönlichen Dazu-Stellung-Nehmen besteht. Der subjektive Anteil jeglichen mitmenschlichen Ausdrucks fordert aufseiten des Empfängers eine besondere Einfühlung. Sie nötigt dann zu der Frage: Was ist damit eigentlich beabsichtigt?

Ausweichen kann wie eine Kriegserklärung aufgefasst werden, die kalten Augen, die schneidende Stimme, die Distanz. Dann wird die Dummheit zur ernsten Gefahr für den Frieden. Was die Wahrnehmung betrifft, bleibt unter diesen Umständen nur ein mehr oder weniger brutales Nehmen übrig, von Wahrheit ist dann wohl keinerlei Spur mehr vorhanden.

Dazu lese ich bei Josef Rattner: »Wir leben in einer Welt verzerrter Dialoge, das heißt auch komplementärer menschlicher Beziehungen, wo der Informationsstrom nicht ungehindert zwischen Miteinander-Sprechenden fließen kann. In einer sadomasochistischen Kultur ist die Digitalisierung des Analogen in engen Grenzen gehalten. Ein dem kommunikativen Leben entfremdetes Individuum wird oft nicht begreifen, was man ihm sagt und was es selber sagen will.«

Wer sich nur mit dem Verhalten – als Außen-Reiz-Folge – befasst, diesbezüglich bestimmte Interessen hegt, unterdrückt den Menschen in seiner Vielfalt, Ganzheit, Widersprüchlichkeit. Sofern dieser ein Lebewesen ist und sich als solches mit allen Sinnen zu öffnen vermag, dürften im Kommunikationsprozess Fragen allemal viel wichtiger sein als Antworten. Dadurch ist ein wechselseitiges Angewiesensein bezeugt, das wir von Kindern zu lernen hätten.

Nochmals komme ich auf Hans Burkhardt zurück, der feststellt: »Im Gesicht des Menschen ist die Interaktion zwischen Sehen und

Gesehenwerden in einer Weise lokalisiert und differenziert, die wie kaum ein anderes Merkmal die Sonderstellung des Menschen und seiner Sinnlichkeit gegenüber den Tieren verdeutlicht.« Wenn sich dann im Gesicht des einen ein einladendes Lächeln zeigt, das bei seinem Gegenüber eine Erwiderung findet, wird die menschliche Gottebenbildlichkeit etwas glaubhafter.« Ich stimme dieser frommen Aussage voll und ganz zu.

Hierher gehört aber auch (gleichviel, ob aus »verwandtschaftlichen« Gründen oder eben nicht) unbedingt die Liebe zu Tieren, Fürsorge, Wertschätzung. Ich erinnere mich gern daran, wie viel ein Haustier, die Katze Murli, nicht nur für meine Söhne, als sie noch Kinder waren, bedeutet hat, auch für mich, für unsere ganze Familie. Es war schrecklich, als wir sie tot auf der Straße fanden.

Zuneigung ist immer ein Abenteuer, zunächst ein Risiko, weil eine Erwiderung nicht feststeht. Selbstverständlich ist sie jedenfalls nicht. Verwirklicht wird sie in Form von Zärtlichkeit. Diese konstituiert ein Verhältnis der Fürsorge. Es entspricht voll und ganz dem Beschaffensein von Lebewesen. Zugleich handelt es sich immer um einen »Modus der Weltzuwendung«, des Aus-sich-heraus-Gehens. Der kühle, objektivierende, sympathielose Blick wirft mich auf mich selbst zurück. Im zärtlichen Blick finde ich mich positiv erwidert. Hier endet glücklicherweise endlich die furchtbare Angst des Alleinseins. Sie ist ein Gefängnis, das nur von innen geöffnet werden kann, wenn sich dafür eine Möglichkeit ergeben sollte.

Sämtliche Sinne sind an einem In-Berührung-Kommen beteiligt: Das Sehen und Gesehenwerden. Ein Sichzeigen in völliger Nacktheit ist ein Geschenk, Einladung, Anfrage, Zustimmung. Die Hände tasten dann den Körper ab, gelangen schließlich zu den Geschlechtsteilen. Es gibt Zungenküsse, ein Ablecken der Haut. Selbst das Alter soll durch Zärtlichkeit vor drohender Erstarrung bewahrt bleiben.

Es bietet sich hier jedenfalls eine besondere Chance. In einer Selbsterfahrungsgruppe gab es für mich dieses In-Berührung-Kommen wirklich, ein Streicheln, wir küssten einander. Alles geschah ohne jede Peinlichkeit. So etwas ist natürlich ein Glücksfall.

Jedenfalls gab es die Berührung wirklich, nicht nur verbal und gedanklich. Ich nehme etwas oder jemanden körperlich wahr oder ich bin »mit Blindheit geschlagen«.

Das Denken allein beweist mir mein Dasein noch nicht wirklich, erst die Berührung, der Händedruck, ein Kuss, zuweilen auch das geschlechtliche Einswerden. Der Gedanke daran weist mir jedenfalls den Weg. Ich erlebe nichts, wenn ich kein Lebewesen bin, nur eine Denkmaschine. Der andere muss mich auch annehmen.

Vielleicht ist das ein äußerst schmerzliches Bekenntnis von jemandem, der aufgrund seines Alters nicht mehr so sein kann, wie er eigentlich gern sein möchte, nämlich wirklich frei, und zwar als Mitmensch mit Körper und Geist.

11. Stimme(n) – was damit gemeint ist. Betrachtung zu einem Wort mit großem Umfang und einer besonderen Aussagekraft

Wenn alles seine Richtigkeit hat, **stimmt** die Sache wirklich, nicht nur scheinbar. Eine Überein**stimm**ung von Tatsache und verbaler Wiedergabe wird mit Befriedigung festgestellt (vielleicht trifft das nicht unbedingt immer auf die Medien zu). Jemandem **zustimmen** bedeutet, sich seiner geäußerten Meinung aus Überzeugung anzuschließen. Ab**stimm**ungen großen Stils erfolgen bei Parlaments- oder Bürgermeisterwahlen. Unter Arbeitskollegen, in einer Gruppe, kann auf diese Weise ebenfalls die Ansicht der Mehrheit ermittelt werden.

Wer ver**stimm**t ist, hat wahrscheinlich eine Beleidigung hinnehmen müssen, wurde übergangen, ignoriert, beschimpft, bloßgestellt. Sein Gesichtsausdruck oder ein beharrliches Schweigen deuten darauf hin. Allzu empfindliche Menschen verderben anderen leicht die gute Laune. Ihnen zuliebe sollte man dann womöglich jedes Wort auf die Goldwaage legen. Damit kommen wir der ursprünglichen Bedeutung schon wesentlich näher, nachdem bisher einige abgeleitete Ausdrücke Erwähnung fanden.

Es geht nämlich um Worte, die ausgesprochen werden, und zwar mithilfe der menschlichen **Stimme**. Geschriebenes folgt nach; man kann es gleichsam zum Leben erwecken, indem man einen Text vorliest, ihn ausspricht. Aufgrund unserer psychophysischen Verfassung sind wir zu be**stimm**ten Lautäußerungen fähig. Im Affekt begnügt sich jemand mit Ausrufen, einem Schrei – aus Wut oder Angst. Üblicherweise handelt es sich um sprachliche Gebilde, und zwar meist in Form von Sätzen.

Als etwas Wesentliches hat bezüglich **Stimme** der Ausdruck als Mitteilung zu gelten. Letztere kann eine Feststellung sein, ein Lobspruch, eine Drohung, Verurteilung oder helfende Zusage. Verschiedene Eigenschaften kommen noch hinzu. Sie betreffen den Klang, sagen etwas aus über das Verhältnis des Sprechenden zum Hörenden, betreffen vielleicht auch den Inhalt der Rede.

Die **Stimme** kann flehentlich klingen oder herrisch, kalt oder einladend, schrill oder weich. Auch Schweigen sagt immer etwas aus. Ob allerdings jemand, der schweigt, wirklich immer zustimmt, mag oftmals nur scheinbar der Fall sein. Vielleicht sind ganz andere Gründe dafür ausschlaggebend. Zu unterscheiden ist eine Nachdenkpause von bekundeter Verachtung. Dass dadurch unter Umständen Vorurteile entstehen, ist in Betracht zu ziehen.

Man kann in verbaler Form nüchtern eine Aussage tätigen, oder einer spricht etwas mit Emotion aus, lässt auch sein Herz dabei irgendwie zu Wort kommen. Die **Stimmung** im Sinn von Seelenzustand ist dann gleichsam hörbar. Man ist als Hörender ergriffen, wird nachdenklich, erschrickt vielleicht, nimmt teil, fühlt mit, kann aber durchaus auch zum Opfer eines Demagogen werden, wenn man sich mit Schaudern an so manchen politischen Redner erinnert.

Jemand, der sich am Telefon zu Wort meldet, als Psychotherapiepatient bei mir einen Termin für ein Erstgespräch haben möchte, vermittelt mir **stimmlich** einen ersten Eindruck von sich. Ich gehe damit diagnostisch um, stelle mir vor, was für ein Mensch das sein mag, ohne mich dadurch festzulegen. Denn ein Vorverständnis ist immer korrekturbedürftig (O. F. Bollnow).

Um in **Stimmung** zu sein, bedarf es hoffentlich nicht des Alkohols oder sonstiger Aufputschmittel. Sich mit anderen Menschen unbeschwert in Einklang befinden, mag sich als höchst bedeutungsvoll erweisen. Was den Wohlklang oder Misston einer **Stimme** betrifft, denken wir übrigens auch an den Gesang.

Dass jemand falsch singt, einer vorgegebenen Notenabfolge nicht gerecht wird, soll zuweilen vorkommen. Umgekehrt gewinnt die **Stimme** gerade in dieser Verwendungsart einen besonderen Rang – gleichviel, ob es sich um ein Volkslied oder eine Opernarie handelt. Ein**stimmen** bedeutet so viel wie mitsingen. An einem Chor beteiligt sein, mag ein besonderes Erfolgserlebnis darstellen.

Der Fachmann ist darum bemüht, ein Musikinstrument zu **stimmen**. Er versucht, den Saiten eines Klaviers oder Orgelpfeifen den richtigen Klang zu geben. Die Symbolik für eine Beseitigung von

Un**stimmig**keiten im zwischenmenschlichen Bereich dürfte hier kaum zu übersehen sein. Dass es **Stimm**bänder, eine **Stimm**gabel, aber auch unterschiedliche **Stimm**stärken und manch andere auf Lautäußerungen Bezug nehmende Bezeichnungen gibt, sei nur der (relativen) Vollständigkeit wegen angeführt.

Es handelt sich um ein echtes Spezifikum, wenn wir von der menschlichen **Stimme** sprechen, nämlich den ganz persönlichen, unverwechselbaren Ausdruck. Jemand nimmt Stellung. Immer ist dabei auch eine kommunikative Funktion vorhanden. Manche Worte sind trotz ihrer Vielzahl völlig nichtssagend. Sie dienen dann der Verschleierung, sind vielleicht bloß eine Ausrede. Andere Lebewesen vermögen ihren Artgenossen allenfalls irgendwelche Signale zu geben, mit Sprechen als Sinnvermittlung samt Austausch haben wir es dabei wohl nicht zu tun.

Wer (zum Beispiel aus Altergründen oder infolge einer Demenz) ständig vor sich hinredet, erregt Verwunderung, wird bemitleidet. Im Allgemeinen teilt jemand einem anderen etwas sprachlich mit. Zugleich ist fast immer auch eine Art von Selbstmitteilung gegeben. Der Beziehungsaspekt modifiziert (nach Paul Watzlawick) darüber hinaus den Inhaltsaspekt. »Man kann nicht nicht kommunizieren«, ist ein weiteres wichtiges Axiom des amerikanischen Psychologen.

Somit stellt die Information lediglich ein Mittel zu ganz bestimmten Zwecken dar: Man will es dem anderen richtig hineinsagen, ihm eines auswischen oder aber jemandem eine Liebeserklärung machen. An das Sprichwort kann hier erinnert werden, dass der Ton die Musik macht, es somit wesentlich darauf ankommt, in welchem besonderen Verhältnis der Überbringer einer Botschaft zum Empfänger steht.

Es bedarf der Einfühlung, des genauen Hinhörens auf den Klang der **Stimme**, um zu wissen, was eigentlich gemeint ist. Manches steht gleichsam zwischen den Zeilen. Verstehen gelingt nur durch Teilhabe am Subjekt, dessen Absichten, seiner besonderen Zielsetzung. Objekte dagegen lassen immer bloß eine Erklärung zu. Hier herrscht die kausale Betrachtung vor, das Ergründen einer Wenn-dann-Verbindung.

Wer menschliches Verhalten als bloße Reizfolge ansieht, ignoriert Freiheit und Würde des Menschen (wozu, wie schon erwähnt, B. F. Skinner sich ausdrücklich bekannte). Damit ist hinreichend angedeutet, weshalb ich den Einfluss des Behaviorismus auf die Lehrerbildung für unerwünscht halte. Wir bedürfen eigenständiger, selbstbewusster Menschen, keiner Marionetten.

Wäre das Sprechen nicht etwas Besonderes, bekäme ein **Stimm**en-Imitator kaum Applaus. Nur, so lustig ist das auch wieder nicht, jemanden auf diese Weise, meist ein wenig karikaturhaft, spöttisch, herabwürdigend, präsent zu machen. Heiserkeit aufgrund einer Kehlkopferkrankung erzeugt zuweilen ein **stimmliches** Unvermögen. Stummsein, womöglich in Verbindung mit Taubheit, beeinträchtigt die Kontaktfähigkeit ganz erheblich.

Doch die Lautstärke allein erzeugt noch nicht Gemeinschaft, Eintracht, Zusammengehören. Der letztgenannte Ausdruck verfügt gerade durch den Hinweis auf Hören, nämlich das Vernehmen einer **Stimme**, über eine soziale Bedeutung. Hoffentlich handelt es sich dabei um keinen Hörzwang, nämlich eine Gehorsamsforderung, die dann womöglich keinerlei Widerspruch mehr duldet.

Wer sich zu Wort meldet, seine **Stimme** erhebt, hat hoffentlich etwas zu sagen, will sich deshalb Gehör verschaffen, ist hoffentlich darum bemüht, den richtigen Ton zu treffen.

Dass es diesbezüglich auch die Möglichkeit einer Verstellung gibt, sei ausdrücklich erwähnt. Dann **stimmt** das Gesagte mit dem eigentlichen Wollen nicht überein. Entweder ist eine leere Zweckbehauptung gegeben oder es handelt sich um etwas Künstliches. Rührselige oder forsche Lautäußerungen gibt einer von sich, der den anderen lediglich überrumpeln möchte.

Man merkt hoffentlich rechtzeitig die unredliche Absicht und ist dann mit Recht ver**stimmt**.

Zum Menschsein gehört wesentlich ein dialogisches Verhalten. Die Wechselseitigkeit ist, wie schon mehrfach betont, wesentlich, weil heute andererseits das Suggestiv-Einseitige vielfach überwiegt. Dem Monolog als Machtanspruch kommt stets eine dissoziierende Wirkung zu. An den persönlichen **Stimm**klang erinnert man sich dann bezeichnenderweise gar nicht mehr. Der Befehlston wirkt lediglich einschüchternd, abschreckend. Er erzeugt womöglich Massenmenschen, Mitmarschierer, kritiklose Jasager oder er reizt zur Auflehnung, zu einem Widerspruch.

Das Übereinstimmen von Gesprächspartnern ist wünschenswert. Zuweilen muss dazu freilich einige Mühe aufgewendet werden. Ein »Zusammenstreiten« ist damit nicht gemeint. Ohne die gemeinsame Basis, nämlich den Respekt, den jeder dem anderen entgegen bringt, findet kein Dialog statt, höchstens eine Überredung.

Letztlich geht es im Großen und Kleinen, zwischen Völkern und im zwischenmenschlichen Bereich, primär darum, dem Frieden eine **Stimme** zu geben. Neutralität kann Gleichgültigkeit bedeuten. Zuwendung wird umgekehrt meist **stimm**stark bekräftigt. Sie ist somit vernehmbar. Auch mit Worten vermag man zärtlich zu sein, jemanden zu liebkosen.

Wenn ein Einklang zustande kommt, existiert, aufrecht bleibt, gibt es eigentlich keine Fremdsprachigkeit mehr. Man nimmt ein Wohlwollen dankbar zur Kenntnis, versucht sich dazu angemessen zu äußern, lässt sich dabei hoffentlich von seinem Taktgefühl leiten. Eine Selbstverständlichkeit ist der Wunsch, dass es auch einem anderen Menschen gut geht, keineswegs.

Die **Stimme** bildet in diesem für das Zusammenleben so wichtigen Fall mehr als nur ein Transportmittel.

Der Umgang mit Gegenständen fordert von einem Handwerker oder Techniker lediglich den Einsatz bestimmter Eigenschaften in Form von Kenntnissen. In seinem Wesen, ganzheitlich, ist einer jedoch erst gefordert durch die mitmenschliche Begegnung und Beziehung, was er dann auch **stimmlich** zum Ausdruck bringt.

Worte bezeugen – hoffentlich glaubhaft – Zusammengehörigkeit (oder man bekommt andernfalls faule Ausreden zu hören, eigentlich eine Absage. Dann folgt ein vielsagendes Schweigen, schließlich der Abbruch. Man hat einander dann nichts mehr zu sagen).

Auch Fragen – als Ausdruck des Offenseins füreinander – werden auf diese Weise vernehmbar, haben einen besonderen **Stimm**-Klang. Es ist besser, wenn niemand das letzte Wort beansprucht, andernfalls würde nicht nur die **Stimmung** ruiniert, sondern es setzt sich etwas durch, das es liebevoll wegzureden gilt, nämlich Depression, der Lebensunmut (bis hin zu einer bedrohlichen Lebensohnmacht), und zwar infolge von Vereinzelung.

Wer bloßgestellt wurde – aus Sensationsgier, purer Dummheit, Schadenfreude oder welchem Grund auch immer, ist mit Recht ver**stimmt**. Dasselbe gilt für das Ignoriertwerden. Der etwaige Vorwurf der Empfindlichkeit wäre dann irgendwie ein Tiefpunkt, was Herzenshärte, mangelndes Mitmensch-Sein betrifft.

»Ich versteh Dich nicht« – ist keineswegs nur eine intellektuelle, sondern ausschließlich eine emotionale Angelegenheit, vielleicht auch eine Sache des Willens. Eine Erklärung würde daran nichts ändern.

»Hören Sie **Stimmen?**« lautet angeblich die Frage des Psychiaters, wenn dieser bei einem Patienten die Möglichkeit einer Wahnerkrankung für gegeben ansieht. Dass jemand, der sich heute für das Schamanentum, Magie, Esoterik interessiert, ein Psychotiker, geistesgestört ist, dürfte weit weniger wahrscheinlich sein als dessen berechtigter Überdruss hinsichtlich einer technizistischen Hampelmannexistenz, des vielfach aufgezwungenen Robotertums.

»Worte des lebendigen Gottes« lautet eine Formel im katholischen Gottesdienst, nachdem ein Text vorgetragen wurde, der von einer Person aus dem Alten Testament stammt oder meist einem Paulusbrief entnommen ist. Dabei kann es sich entweder um eine unangebrachte Übertreibung handeln oder aber es folgt daraus, dass wir die **Stimme** Gottes auch durch Menschenmund vernehmen.

Das hätten dann auch für Situationen hier und heute Geltung. Es ist uns viel zu wenig bewusst, dass Gott auch durch Mitmenschen zu uns sprechen kann, wenn diese zum Beispiel eine Bitte aussprechen.

Es wäre schade, wenn Christus als das Wort, das Fleisch wurde (Jo 1,14), lediglich in der Institution Kirche anzutreffen, vernehmbar ist, nicht auch im Alltag, dort, wo Menschen einen Annäherungsversuch machen, ernste Absichten hegen, Vertrauen bekundet, Hilfe geleistet wird.

Dass wir in Gedanken und Gesprächen dann über den »Tellerrand« hinausblicken, ist wünschenswert. Dann wissen wir auch, dass es tagtäglich unzählige Hungertote gibt, Menschen nah und fern zu Opfern der Gewalt werden, so manche furchtbaren Grausamkeiten in nächster Nähe passieren, weil niemand »sich einmischen« wollte.

Zum Thema einer verstärkten Lautäußerung, das heißt dem Schreien, zähle ich in einem meiner Bücher, »Nicht mehr und nicht weniger« betitelt, eine ganze Reihe von Motiven auf:

- Unbehagen (des Säuglings) und Wut (wegen eines Misslingens)
- Unbeherrschtheit (jemandem platzt der Kragen)
- Entsetzen (man stößt auf eine Leiche oder erblickt eine Ratte)
- Freude des Wiedersehens
- Schmerz (infolge einer Verletzung – als Hilferuf)
- Gewohnheit (jemand möchte verhindern, ständig übergangen, immer ignoriert zu werden)
- Ausweglosigkeit (man rechnet eigentlich nicht damit, dass irgendwer davon Kenntnis nimmt)
- Selbstüberschätzung – von Machthabern
- Protest (gegen unerträgliche Verhältnisse)
- Not (darin dürfte das meiste zusammengefasst sein).

Wir bringen durch unsere **Stimme** zum Ausdruck – wie immer ihr Inhalt und Klang beschaffen ist, dass wir allein mit den Anforderungen des Lebens eigentlich nicht zurechtkommen, es unbedingt der Mitmenschlichkeit, eben eines Zusammenlebens bedarf.

Von vornherein negativ bewerten lässt sich der Schrei somit nicht. Um eine Wortklauberei geht es bei alledem nicht, vielmehr ist eine ernste Angelegenheit gegeben, die auch wesentlich damit zu tun hat, welcher Wert unserem Leben einst zugemessen wird. Keine Drohbotschaft nach Art fundamentalistischer Bußprediger will ich damit kundtun, sondern zu größerer Sensibilität aufrufen, was auch den jeweiligen Klang der **Stimme** betrifft – sanftmütig oder fordernd, wozu ein Hören mit dem Herzen vonnöten wäre.

Andernfalls würde die Frage nach dem Sinn des Lebens zu einer gänzlich leeren Phrase. Dann **stimmt** unsere ganze Lebensrechnung von vorn bis hinten nicht mehr. Mit Kalkulationen fänden wir diesbezüglich ohnedies niemals ein Auslangen. Die Hoffnung auf ein Jenseits hält dem Sterbenmüssen nur stand, weil sie uns glaubhaft zugesagt ist, wir überzeugt wurden, und zwar nicht zuletzt durch unverdiente Güte, eine tröstende **Stimme**, gerade als uns Trauer zu überfallen drohte, weil das Alleinsein schlechthin unerträglich ist – nicht nur in der letzten Stunde.

Wir sind für das Wort Gottes nur ansprechbar, wenn wir durch gute Worte eines Mitmenschen (ich denke dabei an meinen Sohn Bernhard) aus der Erstarrung des Alleinseins erweckt wurden. Das physische Phänomen ist bei alledem nicht zu unterschätzen.

Das hat Geltung, gleichviel, ob einer ausgegrenzt wird oder sich selbst absondert und einigelt. Abschiedsworte klingen übrigens oft sehr lange nach. Die Erinnerung an das Aussehen eines Menschen verblasst allmählich. Wie er jedoch etwas gesagt hat, das bleibt vielleicht in unserer Erinnerung, wird zuweilen als eine besondere Kostbarkeit angesehen.

Zwischen dem ersten Schrei des Neugeborenen, der nun Atem zu holen vermag, und dem letzten Seufzer, ehe das Herz eines Menschen zu schlagen aufhört, vollzieht sich unser Dasein, und zwar als eine Wanderung, die wir immer auch **stimmlich** gleichsam kommentieren.

Wir rufen einen anderen wach, werden selbst aufgeweckt, bleiben dadurch geistig in Bewegung. Die **Stimme** hat dabei jedenfalls immer als vorrangiges Lebenszeichen zu gelten.

Mein Nachwort fällt hier ein wenig aus dem Rahmen. Umso größer mag seine psychosoziale Bedeutsamkeit sein (obwohl das Vorangegangene keineswegs als harmlos zu gelten hat, hoffe ich sagen zu dürfen). Ich entnehme Anregungen dazu dem Buch von Rotraud A. Perner mit dem Titel »Darüber spricht man nicht«.

Man könnte wahrscheinlich sagen, die Tabuisierung sei ein ganz übler Verdrängungsmodus. Durch sie füllt sich immer mehr unsere seelische Rumpelkammer. Das Unbewusste wird dadurch enorm belastet, während die »Namengebung ein schöpferischer Akt ist, welcher Wirklichkeit schafft«.

Unter der Überschrift »Verschreien« spricht Perner von dem eigentümlichen Gefühl, unkontrollierbaren Mächten ausgeliefert zu sein. Deshalb würden Menschen nach Strukturen der Machtabsicherung streben.

Das Dämonische der Macht besteht meiner Meinung nach gerade darin, dass hier notwendigerweise immer ein Kampf stattfindet, jemand besiegt werden soll.

Sowohl der Stärkere als auch der Schwächere sind aber schließlich ganz allein. Sieger und Verlierer befinden sich in einer isolierten Verfassung. Außerdem ist doch wohl ein statischer Zustand entstanden.

Das ist notwendigerweise identisch mit Angst-haben-Müssen. Deshalb beschwört man Gefahren am besten gar nicht erst herauf, schweigt sich aus, »verschreit« nichts, malt den Teufel nicht an die Wand. Hierbei herrschen in etwa animistische Vorstellungen. Eine Art Zwangsneurose ist gegeben, die sich bis zu einem Verfolgungswahn steigern kann.

Ein Mensch hat dann irgendwie das Gefühl, jemand wolle ihm ständig Schaden zufügen, Prügel vor die Füße werfen. In Wirklichkeit fehlt ihm das Selbstvertrauen, weil es vielleicht nie wachgerufen wurde, die sogenannten Vorgesetzten Untertänigkeit weit mehr zu schätzen wussten als einen, der selbstständig und verantwortungsbewusst zu entscheiden und handeln vermag.

Einen guten Klang hätte dagegen eine Stimme, die Respekt bekundet, wirklich freigibt, auch das sexuelle Lusterleben – Heranwachsenden – ausdrücklich zugesteht, keinen wie immer gearteten Zwang ausübt, Mut macht, damit der andere, auch ein Kind, sein Leben schließlich selbst zu meistern vermag. Bedürftigen, Entmutigten, Verlierern wird mit tröstendem **Stimm**klang Vertrauen geschenkt.

Man macht sie gerade dadurch wieder oder erstmalig zu Mitmenschen, beendet ihr qualvolles Ausgegrenztsein: Indem man ihnen wirklich etwas zutraut, Herablassung erspart, echte Wertschätzung spüren lässt.

Um einen sachlichen Erfolg geht es dabei weit weniger als zunächst um die Courage. Sie ist immer eine Sache des Herzens (wie das Wort es verrät), nicht der Muskelkraft oder der Intelligenz.

Das emotionale Ge**stimm**tsein dürfte in erster Linie wesentlich sein für das menschliche Leben und Dasein. In diesem Satz ist möglicherweise der Inhalt meines ganzen Buchs zusammengefasst.

Dann beschwören Worte hoffentlich nicht irgendein Unglück herauf, stürzen niemanden in Verzweiflung, sondern wirken heilend, tröstend, machen froh, schenken beiden Zuversicht.

Wir werden durch sie dann auf eine ganz besondere Weise bewegt, sind nicht angetrieben, sondern angeregt, zum Selbstsein ermutigt, und zwar durch den Nächsten.

12. Familie als Sozialisationsinstanz. Selbstverwirklichung nur mithilfe von Beziehung

Was eine Familie ist, glaubt jeder zu wissen. Offenbar spielen hier aber auch noch andere Bewusstseinselemente, Fühlen und Wollen, eine ganz entscheidende Rolle. Lernprozesse in Richtung Wissen dürfen jedoch nicht unterschätzt werden. Das gilt für die, welche im »Schoß der Familie« ungestört heranwachsen, aber ebenso für deren Eltern.

Ohne Kinder gäbe es übrigens keine Familie, höchstens ein Ehepaar oder Lebensgefährten. Allerlei Unterschiede, solche des Alters und Geschlechts (oft auch bezüglich Nachwuchses) kennzeichnen das Familienleben, zugleich eine Reihe von Gemeinsamkeiten.

Wenn jeder seiner Wege geht, es sehr wenig Verbindendes, kaum jemals echte Gespräche gibt, Gleichgültigkeit vorherrscht, handelt es sich bestenfalls um eine Wohngemeinschaft (trotz Blutsverwandtschaft). Sollte sich die Gleichgültigkeit zur Abneigung steigern, schließlich daraus Hass hervorgehen, ist Liebe, die es offenbar einmal gab, entartet. Der jeweils andere wird dann stets (fälschlich) dafür verantwortlich gemacht.

Es dürfte einigermaßen schwierig sein, hier weder ein Idealbild zu zeichnen, noch das Auseinanderfallen anzuprangern, die gegenwärtige Ehescheidungshäufigkeit, ein Verwahrlosen der Kinder, das Desorientiertsein Jugendlicher. Was Menschen aus ihrer Zusammengehörigkeit machen, wird jeden Tag neu entschieden.

Mit Rollenbildern, einem Schema, Traditionen ist hier keineswegs das Auslangen zu finden. Es handelt sich somit auch nicht um eine bloße Fortsetzungsgeschichte. Harmonie wäre nicht gleichzusetzen mit wünschenswerter Vitalität des familiären Systems, das außerdem grundsätzlich grenzübergreifender Art zu sein hat. Krisen, Spannungen und Missverständnisse mögen irritierend wirken. Ganz vermeidbar dürften sie aber auch hier nicht sein.

In zweifacher Hinsicht handelt es sich zunächst um eine Möglichkeit. Eines meiner Bücher trägt den Titel »Womöglich zusammen leben«. Dieser Zustand mag das eine Mal als Zumutung empfunden werden, das andere Mal jedoch eine echte Wunscherfüllung darstellen. Manche Menschen leben sich irgendeinmal auseinander. Dann wäre die Nähe nur noch eine Last. Andere geben einander allmählich frei (worin immer diese Freiheit bestehen mag), was ihrem Zusammensein möglicherweise eine besondere Festigkeit verleiht oder ihm ein Ende bereitet.

Die zuletzt erfolgte Behauptung scheint bedeutungsvoll und überlegenswert zu sein, wobei ich aber nicht glaube, dass hier mit (einseitigen) guten Vorsätzen und ernsten Absichten wirklich das Auslangen zu finden ist. Ein Aufeinander-Eingehen wird zu einer Aufgabe, mit der wir immer wieder konfrontiert sind. Es ist eine Herausforderung, zugleich ein wertvolles Geschenk. Es handelt sich dabei um eine Art Wachstumsprozess, wobei Anderssein niemandem vorzuwerfen, vielmehr nach Kräften zu fördern ist.

Sozialisation stellt demgegenüber, das heißt im Verhältnis zu einer wechselseitigen Beziehung, lediglich eine partikuläre Erscheinung dar. Verzichten kann man darauf nicht, wenn die Familie zur Gesellschaft hin grundsätzlich offen zu sein hat.

Für Mann und Frau als Vater und Mutter ergibt sich die Notwendigkeit, den gesellschaftlichen Gegebenheiten (Beruf, Verwandtschaft, Nachbarschaft etc.) gerecht zu werden, ohne deshalb ihre Kinder zu vernachlässigen. Mit einem passiven Vorgang haben wir es dabei nicht zu tun, weil es gilt, diverse gesellschaftliche Spielregeln zu übernehmen. Deren eigenständige Handhabung kann und soll auf das soziale Umfeld belebend zurückwirken.

Unauffällige Menschen würden glatt übersehen, ignoriert, gering geschätzt, am Ende gar gemobbt. Daher möge der nächsten Generation eine Anleitung zu bescheidener Zurückhaltung gefälligst erspart bleiben. Was die Kinder betrifft, so ist für diese zunächst echte Geborgenheit in Form eines wachstumsfördernden Klimas ganz dringend vonnöten.

Die allmähliche Ablösung und Verselbstständigung garantiert, dass später ein gelegentliches Heimkommen nicht zur qualvollen Pflichtübung wird. »Grenzen«, die ein Kind angeblich beizeiten kennenlernen muss, sind äußerst moderat zu handhaben, berechtigen die Erwachsenen nicht zur Gewaltanwendung.

Wandel – von Interessen, des Aussehens und der Kleidung (Jugendlicher), der Kontakte (Freundeskreis) – ist nicht nur tolerabel, sondern durchaus wünschenswert. Ein Stillstand kann lediglich um den Preis der Unechtheit, des erzwungenen Sicharrangierens, eine Zeit lang aufrechterhalten werden, ehe es schließlich zum Bruch kommt. Das spricht nicht unbedingt gegen gewisse (zum Beispiel weihnachtliche) Familien-Gebräuche, Gewohnheiten, Erwartungen. Auf einen Zwang ist jedoch zu verzichten.

Im ersten Kapitel des erwähnten Buchs stelle ich fest: »Sowohl im Eltern-Kind-Verhältnis als auch in der Geschlechter-Beziehung stoßen wir häufig auf einen gravierenden Denkfehler, und zwar in Form des Wunsches, den anderen ändern zu wollen, ohne sich selber ändern zu müssen.« In Wirklichkeit kann immer nur jeder sich aufgrund eigener Einsicht und des freien Wollens selbst ändern (wobei eine moralische Bewertung tunlichst unterbleiben möge).

Auch die Sozialisation stellt nichts Abschließbares dar, hat als ein prozesshaftes Geschehen zu gelten. Das Erlernen der Sprache und von Umgangsformen – als Kulturtechniken (Grüßen, Bitte- und Danke-Sagen) – bildet eigentlich nur einen notwendigen Einstieg. Vor allem die Teilhabe an einer Wertegemeinschaft erweist sich nicht bloß für Ausländer, die hier zu leben beabsichtigen, als eine unabdingbare Forderung. Zur Unterwürfigkeit soll aber niemand verpflichtet werden.

Die Wende (auch jene, die das Gemeinschaftsleben im weiteren Sinn betrifft) gelingt immer nur gemeinsam oder wir warten auf eine solche völlig vergeblich. Gerade hier, nicht nur in einem Notfall, bedarf es der grundsätzlichen Hilfsbereitschaft, einer Unterstützung Bedürftiger, weil wir alle aufeinander angewiesen sind. Damit ist der bewegende Faktor – im eigentlichen Sinn – angesprochen.

Wer sich als isoliertes Ich (überheblich oder sich selbst bemitleidend) von lauter manipulierbaren Objekten umgeben glaubt, hintertreibt durch seinen Hochmut eine Veränderung zu mehr Menschlichkeit. Er wirkt gerade dadurch an der Entstehung einer »kollektiven Depression« mit. Dann möge man anderen Menschen ihr ständig verdrossenes Dreinschauen nicht vorwerfen, sich besser zuvor selbst in den Spiegel schauen.

Mit ein und demselben Problem sind wir in unterschiedlichen Konfliktbereichen konfrontiert, nämlich der Negation des Dazugehörens. Wenn Liebe nicht zum Ausdruck kommt, und zwar durch Annäherung, Zeithaben, Einfühlung, Zärtlichkeit, sind Zweifel am Zusammengehören nicht aus der Welt geschafft.

Dann wäre dieses – häufig völlig zu Unrecht – viel gebrauchte Wort, nämlich Liebe, nur eine leere Floskel, sonst aber auch schon gar nichts.

Über Erziehung möchte ich mich hier nicht explizit äußern, wenn damit ein einseitiger Vorgang gemeint ist. Dass sowohl Härte als auch Verwöhnung zur Asozialität Anlass geben, sei aber warnend erwähnt. Ein elterliches Vorbild – ohne jegliche Formungsabsicht, Ehrgeizpläne oder Herrscherallüren – wäre ganz und gar ausreichend.

Dazu müssten Ehepartner einander Wertschätzung und Dankbarkeit erweisen, ohne sich damit vor ihrem Nachwuchs oder sonst wem tendenziös zu gebärden, besonders glänzen zu wollen. Es wäre ein allzu durchschaubares Manöver, für das man früh genug lediglich Spott erntet.

Ein hierarchisches Modell, der Vertikalismus einer Über- und Unterordnung, möge sämtlichen Familienangehörigen erspart bleiben. Ehrfurcht dagegen ist wünschenswert. Sie gilt der Person, nicht dem besonderen Rang oder einer Leistung. Vorzüge des einen mögen auch allen anderen zugutekommen – sofern der Betreffende sich nützlich macht, ohne dass er deshalb unbedingt als ein Star gefeiert werden möchte.

Wer unter sozialer Kompetenz, der es sowohl für das Familienleben als auch für die Kontaktnahme in der Öffentlichkeit bedarf,

etwas anderes versteht als Vertrauen, Selbstmitteilung, Gesprächsbereitschaft, ein solidarisches Verhalten, möge dann den Grund für
Fremdheit, Kälte und Abweisung bei sich selbst und seinen Ehr-
geizplänen suchen.

Im Jahr 1974 glaubte H.-E. Richter feststellen zu können, dass die
»kritiklose Fortsetzung der Wachstumswirtschaft lebensbedrohend«
sei. Die übersteigerte Rivalitätsideologie führe (auch) zu einer pa-
rasitären Deformierung des Geschlechter-Verhältnisses, außerdem
zur Diskriminierung der Armen, Kranken, Schwachen. Mehr als
dreißig Jahre danach manifestiert sich, was damit gemeint war, in
Form diverser Asozialitäten, als Jugendarbeitslosigkeit, Aggressivität unter Schülern, von organisiertem Verbrechen, im Terror und
durch unfähige Politiker, aber auch einzelne gewissenlose Bürger.

Von einer Einschränkung der Wachstumswirtschaft kann heute
wohl keine Rede sein, im Gegenteil. Die Umsatzsteigerung macht
die einen reicher, andere zu Schuldnern, Süchtigen, letztlich Betrogenen. Ein weiterer Absturz erscheint geradezu als vorprogrammiert, wenn das Geschäft mit Waffen nicht zu stoppen ist, der Einzelne sich ohnmächtig fühlen muss und daher gesellschaftlichen
Belangen gegenüber gleichgültig sein zu dürfen glaubt.

Der Sturz des Kommunismus hat den Kapitalismus jedenfalls
nicht rehabilitiert, möchte ich warnend behaupten, ohne mich damit in eine linke Ecke stellen zu lassen. Der Expansionismus und
eine weltweite Bedrohung (unter anderem durch Mächte, die über
Atomwaffen verfügen) sind in beängstigender Weise gewachsen.
Der übermäßige Medienkonsum zerstört außerdem den Einfallsreichtum, das schöpferische Gestalten, die Fantasie als Erneue-
rungskraft, den Hausverstand von Gesprächspartnern. Das gilt aber
nicht nur für die Jugendlichen.

Einzelne mögen sich doch nicht gleich überfordert fühlen, wenn
H.-E. Richter – allen Ernstes – annimmt, es gäbe nur zusammen
mit dem individuellen Wandel auch einen solchen in der Gesellschaft und dazu noch einen echten Aufbruch.

Ausgrenzen und Vereinzelung – als ausgesprochen lebensvernei-
nende Praktiken – müssten dann allerdings baldigst verschwinden.

Der Massenmensch bleibt infolge seiner Beziehungslosigkeit ohne jeden Einfluss. Falls es weitgehend an Zivilcourage ermangelt, warten wir auf bessere Zeiten vergeblich. Die Familie würde dann immer mehr zu einem Spiegelbild gesellschaftlicher Anonymität.

»Bilder und Werte einer künftigen freien Gesellschaft müssen in der persönlichen Beziehung innerhalb der (gegenwärtigen) unfreien Gesellschaft bereits auftreten, manifest werden.« Vielleicht lässt sich diese Forderung des renommierten Psychoanalytikers H.-E. Richter auch so formulieren: Das Kollektiv sollte unbedingt allmählich menschliche Züge erhalten (konkret gesprochen, ein einzelnes, keineswegs zufälliges Beispiel betreffend: die Schülerhöchstzahl in einer Klasse bedarf umgehend einer Senkung).

Unter der Kapitelüberschrift »Der Fortschritt des Konsums und der Rückschritt in die Barbarei« stellte Wolfgang Schmidbauer im Jahr 1995 fest: »Die Sofortbetäubung der Unlustspannung (des Süchtigen) steigert seine Angstbereitschaft und schwächt die Toleranz für Versagen.« Indem sich die Industrieländer als Geber aufspielen, heißt es bei Schmidbauer weiter, können sie vor sich selber verbergen, dass sie eigentlich nur Parasiten sind. Außerdem wird schonungslos offen festgestellt: »Die Gefahr der Maschine liegt in der Multiplikation der Gier.« Wer niemals genug bekommt, bezeugt seine mangelnde Genussfähigkeit.

Aus tiefenpsychologischer Sicht handelt es sich beim Konsumieren von Speis und Trank im Übermaß um einen Rückfall – in die Oralphase, das heißt das frühkindliche Stadium. Das könnte aufgrund mangelnder elterlicher Zuwendung während des Säuglingsalters der Fall sein. Da wäre es dann angemessen, wenn wir im Kontrast zum Luxus in der westlichem Hemisphäre uns zuweilen die Zahl der tagtäglich den Hungertod sterbenden Kinder vergegenwärtigen, selbst wenn jene unser Vorstellungsvermögen übersteigt.

Dass wir in einer kinderfeindlichen, somit keiner heilen Welt leben, bedürfte einer kritischen Reflexion. Diese beschämende Tatsache kennzeichnet die gegenwärtigen, deshalb asozialen Umstände und Verhältnisse. Eine andere Sozialisation als die von Mensch zu Mensch, sensibel, der Situation angemessen, selbstbewusst, zugleich kontaktbereit, ist unnötig, sogar schädlich. Ich hoffe, man wirft mir nicht Rückschrittlichkeit vor, wenn ich vehement den Vorrang des einzelnen Menschen vor technischen Errungenschaften fordere (keineswegs immer nur von solchen, durch die Arbeitsplätze zum Verschwinden gebracht werden).

Für Eltern, Kinder, Jugendliche, die Verwandten, die Familie im engeren und weiteren Sinn, bleibt viel zu tun. Deren Liquidation halte ich so wenig für wünschenswert wie die beharrliche Aufrechterhaltung ihrer bisherigen autoritaristischen Struktur. Eine »Abdankung« der Männer wäre nur dann erforderlich, wenn diese bisher geherrscht haben. Auch Heranwachsenden steht es keineswegs zu, sich – aus welchem Grund immer – tyrannisch zu gebärden.

Von Emanzipation ist heute in auffallender Weise nur noch selten die Rede. Das bedeutet wahrscheinlich nicht, Frauen hätten inzwischen dieselben Rechte wie ihre männlichen Kollegen erlangt. Auf keinen Fall dürfte eine begrüßenswerte Verselbstständigung nach allzu langer Unterdrückung bedeuten, anderen Menschen den Rücken zu kehren, Beziehungen und Verpflichtungen abzuschütteln. So erstrebenswert ist ein Singledasein nämlich gar nicht.

Selbstverwirklichung gelingt immer nur durch Hingabe, die dann der Zusammengehörigkeit eine (relative) Dauer verleiht. Ganz wichtig wäre das Weiterwirken, sofern der Familienkreis sich auch öffnet, was nicht als Widerspruch anzusehen ist. Kleine Kinder dürfen dann nicht zu lieblosen Vorurteilen gegen Anderssein »konditioniert«, somit zu einem grundsätzlichen Misstrauen verführt werden.

Ohne Feindesliebe werden Friedensschlüsse kaum von Dauer sein. Im Übrigen ist einer, den ich liebe, kein Feind mehr, sondern schlicht und einfach ein Mitmensch. Ob ich ihm deshalb auch schon um den Hals falle, das ist wieder eine andere Frage.

Dass wir heute in unserer soziokulturellen Umwelt mit anerkennenden Worten nicht gar so sparsam umgehen müssen, behaupte ich aus tiefster Überzeugung. Lassen wir es doch einfach darauf ankommen, dass einer – womöglich – als Mitmensch reagiert, besser noch, seinem Nächsten persönlich antwortet. Denn die Antwort ist genauso wie die Frage Teil des Dialogs, und dieser erweist sich für das Zusammenleben als gänzlich unverzichtbar.

Wir stellen aber nun bezüglich der Familie als Lebensraum einige entscheidende Fragen:

- Ist das Zusammenleben der Familienmitglieder hierarchisch gegliedert (als Über- und Unterordnung – patriarchalisch oder matriarchalisch) oder als Ergänzungsverhältnis (ohne eine Überschätzung des Alters)?
- Herrscht die Überzeugung von einer Wertungleichheit der Geschlechter bzw. eine Überlegenheit des Mannes vor oder gibt es eine partnerschaftliche Zusammenarbeit?
- Welchen Einfluss haben Großeltern, Verwandte, Freunde und Nachbarn oder ist eine strenge Absonderung gegeben?

Solidarität würde bedeuten, sich gegenseitig zu akzeptieren, Toleranz zu üben (im Sinne von bereitwilliger Zustimmung zum Anderssein), sich uneingeschränkt zu seinem Angewiesensein auf Mitmenschen zu bekennen.

Auch ein Eintreten für Benachteiligte ist in einem solchen Konzept vorgesehen. Von besonderer Bedeutung erscheint mir (als Einzelkind, das noch dazu ohne Vater aufwachsen musste) ein Geschwisterbezug jenseits von Machtansprüchen. Die Position in der Geschwisterreihe wird im Fall einer gewissen Starrheit andererseits im späteren Leben fälschlich auf vergleichbare Gruppierungen allzu oft übertragen.

Nicht nur diesbezüglich kommt es dann zu Verwechslungen. Sie sind übrigens an der Tagesordnung. Es wäre heilsam, damit grundsätzlich zu rechnen. Dass meine drei Söhne immer ein Herz und eine Seele waren, wäre gelogen.

Ausdruck eines heutigen psychosozialen Notstands sind: Scheidungshäufigkeit, unehelich Geborene, Vereinsamung – nicht nur der Alten, immer noch häufige Frauen- und Kindermisshandlungen. H.-E. Richter erklärt dazu: »Wir sind verletzlicher durch Isolation, als wir glauben; die unbewusste Hörigkeit ist ein Merkmal des Durchschnittsmenschen.« Wenn dem wirklich so ist, alles so bleibt, hätte die Familie als Sozialisationsinstanz versagt, stelle ich (an)klagend fest. Den Opfern ist daraus allerdings kein Vorwurf zu machen. Je beziehungsunfähiger ein Mensch ist, desto beeinflussbarer ist er. Dem Reiz-Reaktions-Schema käme dann eine geradezu verhängnisvolle Bedeutung zu. Als Heilmittel schlage ich vor, das Zusammenleben nicht als Last zu empfinden, sondern als eine produktive Möglichkeit anzusehen. Dazu würde es allerdings eines gründlichen Gesinnungswandels bedürfen. Billiger ist eine Sanierung wohl nicht zu haben.

13. Bildung – Weltbild – Symbole als Zeichensprache. Ein Umschauhalten zwecks Kreativitätsförderung

Mehrere ähnlich lautende Bezeichnungen kommen uns hierzu wahrscheinlich in den Sinn. Nahezu alle sind auf Veränderung durch ein eigenständiges Formen und Gestalten ausgerichtet. Falls dem Menschenbild jedoch eine strikte (unentrinnbare) Leitfunktion zugedacht sein sollte, lehne ich (mit O. F. Bollnow) den Begriff Menschenbild rundweg ab. Ein geschlossenes Bild vom Menschen muss nämlich als gänzlich unangemessen bezeichnet und daher strikt zurückgewiesen werden, vor allem, wenn es sich um das Verhältnis eines Älteren zu einem Jüngeren handelt, es um eine Art »Menschenformung« geht.

Der Erzieher ist verpflichtet, dem Zögling gerecht zu werden. Beide hätten sich aufeinander einzulassen, ehe bestimmte Inhalte in Sicht kommen oder angestrebt werden, denen oft eine bloße Trainingsfunktion zu eigen ist. Das Weltbild lässt sich vom Selbstverständnis des einzelnen Menschen dann wahrscheinlich kaum trennen.

Ob wir uns in der Postmoderne, einem elektronischen Zeitalter bzw. Zustand befinden, zugleich das Versiegen der Ölquellen in absehbarer Zeit den Industrienationen bevorsteht und dann alles ganz anders sein wird, wir deshalb mehr als bisher – mit oder ohne Drohung des »Klimawandels« und seinen Auswirkungen – ein ökologisches Verpflichtetsein wahrzunehmen haben, hängt immer von der jeweiligen Persönlichkeit ab, aber auch von deren Einfallsreichtum und dem Bereitsein zu etwas geradezu Schicksalhaftem.

Für Notwendigkeiten kann man sich zuweilen blind und taub stellen. Manche Bilder fordern andererseits häufig ein Sehen mit dem Herzen. Wenn es um Bildungsinhalte geht, bei denen das optische

Element in den Hintergrund tritt, muss dahingestellt bleiben, ob beim Ergebnis etwas Definitives gegeben ist. Es scheint eher so zu sein, dass man mit dem Bildungsvorgang nie an ein Ende kommt. Jedes Stehenbleiben wirkt kontraproduktiv. Wer sich auf sein Gebildetsein, sonstige Vorzüge, die gesellschaftliche Stellung, diverse Erfolge etwas einbildet, ist eigentlich bemitleidens-, nicht aber bewundernswert.

Einbildung verdient andererseits nicht immer nur eine negative Einschätzung. Es könnten damit auch innere Bilder gemeint sein, bestimmte Vorstellungen, gleichviel, ob diese mit der sogenannten Wirklichkeit übereinstimmen oder nicht. Ganz wichtig ist dabei eine ständige Korrekturbereitschaft hinsichtlich der Konzepte, Zielsetzungen, Fiktionen (irgendwelcher überkommener oder nutzbringender Annahmen). Uns ist im Allgemeinen viel zu wenig bewusst, wie horizontabhängig unser Denken und Wahrnehmen stets ist.

Der Allgemeinbildung, die einen Überblick über kulturelle Inhalte bietet, außerdem die Denkfähigkeit fördert, steht die Ausbildung gegenüber. Sie ist auf einen ganz bestimmten (meist beruflichen) Tätigkeitsbereich ausgerichtet und von Belang. Gegeneinander ausgespielt werden diese beiden Formen besser nicht. Eine Trennung zwischen Verstandes- und Herzensbildung erscheint mir als ebenso wenig sinnvoll.

Jegliche Selbstgestaltung in der Auseinandersetzung mit soziokulturellen Gegebenheiten erfolgt ganzheitlich oder es handelt sich dabei um etwas Aufgezwungenes und daher Unechtes, Schädliches. Dann vermag einer bloß so manches geistige Versatzstück aufgrund seiner Merkfähigkeit zu reproduzieren, ohne genau zu wissen, worum es dabei eigentlich geht.

Wenn der Mensch im Rahmen der alttestamentlichen Schöpfungsgeschichte als Ebenbild Gottes bezeichnet wird, bekundet das mehr eine Aufgabe, als dass es sich um eine besondere Auszeichnung handelt. Dieser Rang kommt uns nämlich einzig in Verbindung mit dem Willen zur Zusammenarbeit zu. Sofern wir als Mann und Frau existieren, Geschlechtspartner sind, zueinander in einem

Ergänzungsverhältnis stehen, spricht die Heilige Schrift von Gottebenbildlichkeit. Der Bildungsvorgang müsste dann in erster Linie einem Mit-einander-umgehen-Lernen gelten.

Irgendwelche Rangunterschiede sind grundsätzlich nicht vorgesehen, wohl aber Verantwortung, Einsicht, Weitblick bei jedem Einzelnen. Das Urbild (Archetypus) liegt sämtlichen meist zeitbedingten Variationen zugrunde. Dadurch sind Anziehung und Abstoßung von Eindrücken bedingt, ohne dass wir uns darüber jemals in ausreichendem Maß Rechenschaft geben würden.

Eine wichtige Unterscheidung betrifft das Verhältnis von Abbild zum Symbol. Das eine Mal erfahren wir, wie etwas ist oder genau aussieht. Sinnbilder dagegen deuten darauf hin, wie es sein soll. Sie weisen dazu über sich hinaus. Dem Anschaulichen im Sinn von Tatsachen steht dann ein Werturteil gegenüber.

Letzteres spielt im menschlichen Leben eine ganz entscheidende Rolle. Werke der bildenden Kunst können auf zweifache Weise wertvoll sein. Neben der schöpferischen Kraft geht von ihnen ein humanisierender Impuls aus, fühlt man sich durch sie angesprochen, vielleicht geradezu verpflichtet.

Für eine bloße Nachahmung gilt das nicht. Das Wesen des Kitsches dürfte hauptsächlich in der Unechtheit, nicht so sehr im mangelnden Können liegen. Man will sich beim Betrachter irgendwie einschmeicheln, erntet dafür vielleicht von einigen verdientermаßen nur Spott und Verachtung. Das gilt für ein künstliches Gehabe, die erzwungene Höflichkeit, das Maskenhafte.

Ob man dem Unterrichtsfach Bildnerische Erziehung eine Stundenkürzung zumuten kann, ist eine Gewissensfrage. Vielleicht sind die Schulbürokraten damit überfordert, wenn es sich um eine so sensible Angelegenheit handelt. Dann müssen jene sich zur Wehr setzen, die genau Bescheid wissen, worauf es bei der Schulbildung insgesamt ankommt, nämlich Heranwachsenden zu ihrem Selbstsein zu verhelfen. Immerhin ist von einem derartigen Bildungsvorgang, nämlich der Förderung des künstlerischen Ausdrucks, immer auch die seelische Gesundheit betroffen, ebenso der Stil der sozialen Kontakte, das Gemeinschaftsleben insgesamt.

Eine geschlossene Bildungslehre dürfte ziemlich unangemessen sein, wenn es sich in Wirklichkeit um einen ausschließlichen Integrationsbegriff handelt. Worauf es aber zuallermeist ankommt, ist schon früh ein menschenfreundliches Umschauhalten, das über (Schul-)Gegenstände hinausreicht.

Zugleich hätten wir uns immer auch die Bedeutung von »Bild« als Resultat eines schöpferischen Vorgangs zu vergegenwärtigen. Um ein Kunstwerk muss es sich dabei nicht unbedingt handeln, um eine überragende Geistigkeit des Gebildeten auch nicht. Wichtig ist, dass dieser sich nicht auf seinen Lorbeeren ausruht.

Die Verarbeitung erster Selbst- und Umwelterfahrungen ließ ein bestimmtes Bild entstehen. Im Kinderspiel wird in Entsprechung dazu gehandelt. Als besonderes Charakteristikum erweist sich die Spielfreude. Als eine Entkrampfungsmöglichkeit besitzt ein solches Tun, nämlich das Spiel, auch später eine heilsame Bedeutung. Die moderne Freizeitproblematik zeichnet sich weitgehend durch blinde Nachahmung aus. Vom Spiel – der Erwachsenen – würden (nach Meinung von E. Berne) auch kreative Impulse ausgehen.

Wegschauen in Verbindung mit Herzlosigkeit, Kälte und Starrsinn mag sich als Folge eines technischen Übergewichts heute etabliert haben. Wogegen ich mich mit Entschiedenheit wende – nicht zuletzt, was Bildungsinhalte und Lernkonzepte betrifft, ist eine depressionsfördernde Selbstgenügsamkeit. Ein unseliges Konkurrenzdenken wäre dafür verantwortlich zu machen, dass dieser Irrtum immer noch weitgehend unerkannt geblieben ist. In Zeiten einer beruflichen Verknappung kommt er abermals zu völlig unverdienten Ehren.

Was ein mit Wissensvermittlung eng verbundenes Sensibilisieren anlangt, kommen wir damit ein Leben lang an kein Ende. Nicht nur der Wandel im Berufsleben fordert eine immerwährende Lernbereitschaft. Das persönliche Interesse möge dazu motivieren – statt der Angst vor Verlust des Arbeitsplatzes. Bereits in der Kindheit ist vor allem das Interesse daran zu fördern, andere Menschen kennenzulernen, statt sich von ihnen hochmütig oder misstrauisch abzuwenden und selbstgenügsam fernzuhalten.

Wenn der Dichter Rainer Maria Rilke beim Anblick eines antiken Kunstwerkes eine tiefe Erschütterung verspürt und daraufhin glaubt, sein Leben ändern zu müssen, sollte auch gegenüber bildnerischen Objekten, wenn sie echt sind, so etwas wie eine Verpflichtung wahrgenommen werden. Eine eigenartige Faszination üben Kinderzeichnungen aus. Der aufmerksame Betrachter erkennt sich übrigens auch in so mancher künstlerischen Gestaltung von Geisteskranken wieder, ist dann betroffen, wird nachdenklich, lässt sich von einer existenziellen Wahrheit anrühren.

Anschaulichkeit stellt umgekehrt kein Kriterium für die Tauglichkeit von Lerninhalten dar. Mit Suggestionen, der Folge einer bestimmten pädagogischen Absichtlichkeit, ist eine solche spürbare Pflicht am wenigsten gleichzusetzen. Um etwas Aufgezwungenes – etwa in Form von schulischen »Gesinnungsfächern« (wie sie in Diktaturen stets üblich waren) – darf es sich dabei schon gar nicht handeln. Bei Vorbildern haben wir es dagegen mit einer Wertwahl zu tun. Es sind lebende Menschen oder aber Gestalten aus der Vergangenheit, die sich durch Originalität auszeichnen.

Das Kunstwerk enthält ebenfalls eine schöpferische Kraft, zugleich teilt sich ein anderer Mensch, nämlich der Künstler, dem Betrachter mit, regt diesen vielleicht zu einer Öffnung und Selbstentdeckung an. Nicht nur die Aussageabsicht, auch das Interesse, die persönliche Aufgeschlossenheit, ist hier von allergrößter Bedeutung. Urteile unterbleiben am besten, nur über den eigenen Eindruck darf man Aufschluss geben.

Jemand, der uns imponiert, hat davon hoffentlich keine Kenntnis. Ausnahmen bestätigen hier wohl die Regel, wenn ich an so manchen Brieffreund denke. Ehrfurcht vor einem anderen Menschen ist niemals mit Unterwerfung gleichzusetzen. Wer Einfluss nehmen will, dazu den moralischen Zeigefinger erhebt, verliert im selben Maß seine Vorbildlichkeit. Diese ist gegeben, wenn einer trotz Hindernissen tapfer unterwegs ist, sich zu behaupten weiß, Mut und Selbstvertrauen besitzt. Das Gemeinschaftsgefühl, Hilfsbereitschaft und Einfallsreichtum spielen hier ebenfalls eine ganz entscheidende Rolle.

Kreativität begegnet uns heute leider oft nur als ein Schlagwort. Sie ist gerade für die Gestaltung des Zusammenlebens dringend vonnöten. Wenn Fantasie nicht schon im frühen Alter geweckt wurde, es in der Kinderstube und im Kindergarten keine wachstumsfördernde Atmosphäre gab, beginnt schon bald die Verknöcherung. Man passt sich fraglos an, bleibt auch weiterhin in einer passiven Verfassung. Diverse Machtkämpfe im späteren Leben sind nicht selten als Fehlkompensationen derartiger Mängel anzusehen.

Ohne das Bilderbuch für kleine Kinder, darüber hinaus Erzählungen, die erfreuen, Mut machen, einer persönlichen Auseinandersetzung den Weg bereiten, bekundet sich die Forderung nach einer »Werterziehung« als einfolgenloser Moralismus. Dieser zeichnet sich zu allem Überfluss meist noch durch eine ausgesprochene Körperfeindlichkeit aus. Eine bildliche Darstellung nimmt umgekehrt immer auch Maß an der körperlichen Erscheinung des Menschen, selbst wenn sie diesen nicht nachahmt.

Ob ein Bild stets »mehr sagt als 1000 Worte«, vermag ich weder zu behaupten, noch kann ich es verneinen. Um eine Art Sprache handelt es sich dabei allemal (abgesehen davon, dass unser verbaler Ausdruck zahlreiche bildhafte Elemente aufweist). Manche Mitteilung lässt sich wahrscheinlich nur auf diese Weise machen. Mit Verständnisbereitschaft in Zeiten einer optischen Überflutung – vonseiten der Medien – darf jedoch nicht in uneingeschränktem Maß gerechnet werden.

Immer wieder stoße ich zusammen mit einem Patienten im Therapiekontakt auf Träume mit Symbolcharakter. Unlängst hieß es: »Das war wohl so etwas wie eine Schlüsselszene.« Ein Fünfundvierzigjähriger »sah«, wie er dem Vater, der von einer Entwöhnungskur zurückkehrte (derer gab es mehrere), die Haustür aufsperrte, während die Mutter auf das Anklopfen nicht reagiert hatte. »Auch ich fühle mich oft ausgeschlossen«, hieß es. »Ich muss unbedingt anderen helfen, damit wenigstens sie Zutritt finden.« Ich habe diese Mitteilung bereits an anderer Stelle erwähnt.

Der religiöse Mythos, die biblische Symbolsprache (zum Beispiel in Form der Gleichnisse Jesu), vermag einen beträchtlichen existenziellen Einfluss auszuüben. Die historische Wertigkeit der Erzählungen dagegen wäre für uns meist völlig belanglos. Daher sollte man – in der kirchlichen Verkündigung – nicht von Abbildern ausgehen und derartige Behauptungen aufstellen, sondern zugegebenermaßen Überzeitliches zur Sprache bringen (dann wird zum Beispiel Weihnachten viel mehr sein als ein bloßer Einkaufsspaß und Geschenkaustausch, auch kein bloßes Kinderfest).

»Ein Glaube, der seine Symbole wörtlich versteht, wird zum Götzenglauben«, behauptet der Theologe Paul Tillich. Er spricht von einem »unbedingten Anliegen« des Menschen, wobei er jedem religiöse Qualitäten zubilligt. Glauben sei kein Phänomen neben anderen, »es ist das zentrale Phänomen im personalen Leben«. Weiters wird gesagt: »Unbedingtes Ergriffensein kann weder durch Wissenschaft noch durch Philosophie widerlegt werden«.

Unter dem Titel »Sterben ist Teil des Lebens« kommt Erwin Ringel auf den Dichter Anton Wildgans zu sprechen. Im »Kirbisch« gäbe es eine wunderbare Stelle. Der Glasmaler Crinis hat im Ersten Weltkrieg alle drei Söhne verloren. Da will der verzweifelte Vater auch seinem Leben ein Ende setzen. Der Pfarrer verzichtet auf Moralismus, sagt bloß: »Die Menschen, die du gemacht hast, leben in dir, auch wenn sie gestorben sind. Ihr Bild ist in dir lebendig, und wenn du dich jetzt wegräumst, räumst du auch das Bild von denen weg, die du so geliebt hast und die in dir weiterleben«. Es ist ein Bedingungssatz, der zeigt, welche Entscheidungen es zuweilen – angesichts innerer oder äußerer Bilder – zu treffen gilt.

Man mag als Durchschnittsmensch rasch vergessen sein. Doch vieles, was wir geschaffen haben, wirkt weiter, bringt vielleicht Nutzen, befindet sich in Sichtweite. Dann verliert der Gedanke an eine nähere oder fernere Zukunft ohne unser Dazugehören ein wenig von seinem Schrecken. Vorstellbar ist das endgültige Abschiednehmen freilich nicht, das Daliegen mit geschlossenen Augen ebenso wenig, ganz zu schweigen vom Begrabensein.

»Es ist immer auch ein Menschenbild«, stellte Erwin Ringel einmal fest. »Aber es muss ganz konkret sein, ohne die üblichen Beeinflussungsabsichten«, wandte ich ein. Wir sprachen voller Bewunderung über den Maler Canaletto und dessen großartige Veduten. Gemeint war mit Ringels Feststellung wohl, dass jeder Künstler sich selber einbringt und irgendwie darstellt (zum Beispiel in seiner besonderen Liebe zu Venedig, wie es bei Canaletto der Fall war) sowie darüber hinaus auch von der Zeit, in der er lebt, Kunde gibt.

Ob die Vergesslichkeit infolge Altwerden die Bildung, das Wissen und Können, den Weitblick, allmählich auslöscht, vermag ich nicht zu sagen. Ein junger Mann tröstete mich einmal mit einem Vergleich, als ich diesbezüglich Klage führte: »Die Ziegeln, aus denen ein Haus erbaut ist, sind nicht sichtbar. Dennoch beweisen sie tagtäglich ihre tragende Kraft.« Möge das auch für einen Menschen bis zuletzt Geltung haben: Dass er jemanden trägt, einen Notleidenden und Hilfsbedürftigen zumindest ein wenig stützen kann, auch wenn seine eigene Kraft irgendeinmal nachlässt.

Zusammenfassend möchte ich feststellen: Eine autoritär-patriarchalische Weltordnung ist nicht die einzig mögliche. Lediglich durch Einschüchterung, Härte und Zwang lässt sich diese eine Zeit lang aufrechterhalten. Aber nicht Macht, sondern nur Liebe würde die Welt im Dasein erhalten (wobei noch nicht entschieden ist, wie es tatsächlich mit uns weitergeht). »Wir sind das Volk.« Dieser Satz ist eine Verpflichtung, wenn es gilt, Despoten zu stürzen.

Welche Rolle der Bildung dabei zukommt, darüber lassen sich bloß Vermutungen anstellen. Mir scheint, es bedarf heute dringend einer Umformung, Neugestaltung, womit nicht nur die Schulorganisation, etwas Bürokratisches, gemeint ist. In erster Linie denke ich an Rücksichtnahme auf die Beschaffenheit des einzelnen Schülers statt eines Einheitslehrplans.

Kinder ahnen zumindest, wie die Neugestaltung vor sich zu gehen hätte, wenn sie Liebende sind. Sie machen uns zuweilen die Notwendigkeit von Nähe, Verstehen, Vertrauen und Hingabe bewusst – bildhaft, zugleich aber auch wirklich. Vorausgesetzt ist allerdings, dass sie durch unselige Machtkampfallüren nicht angesteckt werden. Wer immer das Sagen hat, soll zur Kenntnis nehmen: Dem Kleinsein darf keineswegs ein Verbot des Erwachsenwerdens auferlegt werden (weil ein Erwachsener es einfach nicht haben will, dass ihm jemand bald einmal »über den Kopf wächst«).

Im Übrigen sind tastende Versuche den glatten Lösungen allemal vorzuziehen – so wie dem Kunstwerk meist die Skizze vorangeht. Einen Stillstand soll es nicht geben. Wir werden noch so manches lernen müssen. Für die Generation, die nach uns kommt, hat das ebenfalls Geltung. Oftmals handelt es sich dabei um eine Art Spurensuche.

Mit Zeichen umgehen, das bedarf der Einfühlung, des Herzens, aber ebenso der Identifizierung, auch wenn wir manches nur teilweise verstehen, es vielleicht niemals voll begreifen können.

14. Charakter und Gemüt, das Gewissen.
Über die ausschlaggebende moralische Instanz

Es mag juristisch durchaus exakt sein, wenn einem Gesetz dadurch Rechtskraft zukommt, dass es von einer Regierung erlassen wurde. Aus der Sicht der Menschenwürde wäre das allein aber keineswegs ausreichend, erscheint mir geradezu als anstößig. Dem Zweck des Gesetzes, nämlich Dienst am Gemeinwohl, hätte sich die Behörde bei diesem Vorhaben zu beugen. Sie wäre ihm unbedingt verpflichtet. Neben dem Verbot von Schädlichem muss eine solche verbindliche Festlegung den Nutzen für alle irgendwie einsichtig machen. Andernfalls könnte einer vermuten, nicht der Gerechtigkeit zu begegnen, sondern bloß mit einer obrigkeitlichen Willkür Bekanntschaft zu machen.

Während Normen, Regeln, Vorschriften und Gesetze der Ordnung des Zusammenlebens dienen, hat als die eigentliche Sitteninstanz für den einzelnen Menschen sein Gewissen zu gelten. Die Person stellt sich damit bewusst und freiwillig einer Aufgabe, die bestimmten Handlungen oder notwendigen Unterlassungen gilt.

Zum Wesen dieser letztverbindlichen Instanz nimmt der Philosoph Wilhelm Weischedel mit den Worten Stellung: »Das Absolute beansprucht den Menschen in einer ganz besonderen Weise.« Was damit gemeint ist, wird nur angedeutet, weil es sich nicht festlegen lässt. Wir gelangen »in die Tiefe der metaphysischen Geheimnisse«, heißt es. Einschneidende Widersprüche in der Gestaltung der Gewissensforderung – in den verschiedenen Epochen und Kulturkreisen – werden von Weischedel ebenfalls ausdrücklich erwähnt. Dabei ist notwendigerweise von einer »Relativität der Gewissensinhalte« die Rede.

Ob man sich hier mit der »Stimme Gottes« konfrontiert sieht, von der Natur gefordert zu sein glaubt oder einfach krampfhaft dem zu entsprechen versucht, was auf einen als formende Kraft von

Kindheit an eingewirkt hat, dürfte sich kaum eindeutig beantworten lassen. Zu wissen, was Anstand ist und von der Allgemeinheit erwartet wird, mag für bürgerliche Belange ausreichen. Mit heldenhaftem Handeln ist auf der Grundlage von Angepasstheit ohnedies nicht zu rechnen. Den Gegensatz dazu bilden aber nicht Aufmüpfigkeit und Widersetzlichkeit, sondern in erster Linie Verantwortung, und zwar in vollem Umfang.

Die religiöse Deutung operiert vorwiegend mit dem Hinweis auf Schuld und Sünde – als Beleidigung Gottes (Erlösung und Rechtfertigung kommen hier als christliche Theologumena in Sicht). Eine gewisse Einschüchterungstendenz bleibt kritischem Denken keineswegs verborgen. Dass Autoritäten mit Berufung auf Gott lange Zeit sich anmaßten, ihre eigene Macht auszuspielen, ist eine ernüchternde Erkenntnis. Das Verhältnis von Befehl und Gehorsam verliert dann viel von seiner scheinbaren Selbstverständlichkeit, wenn wir das zur Kenntnis nehmen.

Sollte Religion in Form einer kirchlichen Bindung zur Hauptsache aus lauter strengen Moralforderungen bestehen, womöglich das Verbot des »Unkeuschheittreibens« an die Spitze stellen, darf uns die zunehmende Distanz von Zeitgenossen, der Glaubensgemeinschaft gegenüber nicht zu sehr wundern. Umgekehrt können die Zehn Gebote oder auch Forderungen aus den Evangelien durchaus als wertvolle Orientierungshilfen für ein menschenwürdiges Zusammenleben angesehen werden.

Nach Weischedel gewährt die Begegnung mit großer Kunst oder das Staunen vor dem Wunder des Seins einen Kontakt mit dem Absoluten. Am ehesten dürfte das aber (auch seiner Meinung nach) durch die Erfahrung echter Liebe der Fall sein. Ein vertrauensvolles Sich-aussprechen-Können mobilisiert das Gewissen ebenfalls, beendet einen Leerlauf, wie mir aus zahlreichen Therapiekontakten bewusst ist. Trotzdem ersetzt der Psychotherapeut heute natürlich nicht den Beichtvater. Einer solchen lächerlichen Behauptung möchte ich energisch widersprechen.

Letztlich bleibt spontane Zuneigung – wenn wir uns hier immerfort vom Gedanken an Mitmenschlichkeit leiten lassen – immer ein Geheimnis. Irgendwie handelt es sich wohl um eine Ahnung, die glücklich macht, anrührt, unseren freien Willen stärkt, weil man den anderen neben aller Nachdenklichkeit als Lebewesen erlebt und vielleicht sehnsuchtsvoll bewundert.

Manche, das Gewissen betreffende Vergleiche mit einem Fahrplan, einem Wegweiser, einer Waage, dem erhobenen Zeigefinger oder gar einem Wurm, der nagt und löchert, erscheinen mir plump. Sie sind eigentlich ziemlich abstoßend. Mündigen Menschen muss man wohl nicht immerzu Forderungen unter die Nase reiben, sie gleichsam mit einer Peitsche antreiben oder streng im Zaum halten. Sie spüren hoffentlich selbst, worauf es ankommt.

Wer sich jedoch, was sein Handeln und Entscheiden anlangt, als infantiler Typ erweist, ist allem Anschein nach viel zu lange daran gehindert worden, zu einer persönlichen Urteilsfähigkeit zu gelangen. Seine Fügsamkeit entstammt ausschließlich der Angst vor Strafe, davor, bei irgendjemandem in Ungnade zu fallen oder bloß schief angeschaut zu werden. Zu einem Risiko – aufgrund eigenen Überzeugtseins – können sich solche erbarmungswürdige Kreaturen kaum jemals durchringen.

Die Liebes- und Arbeitsfähigkeit dieser Menschen ist schwer gestört, würde Sigmund Freud feststellen. Eine Beseitigung des psychosozialen Beeinträchtigtseins wäre identisch mit der Sanierung eines neurotisierten Gewissens. Das sogenannte Über-Ich ist durch die Identifizierung des Kindes mit der einstigen unnachsichtigen Vaterstrenge entstanden. Man kann auch von einer moralistischen Familienideologie sprechen. Unausgesetzt exekutiert der Betreffende diese sich selbst gegenüber, setzt auf eine solche Art und Weise die Qual des Unterdrücktseins unbewusst fort. Aber auch die ihm Anvertrauten haben wahrscheinlich mit keinerlei Nachsicht zu rechnen.

Dass einen solchen Seelenkrüppel der Neid zerfrisst, wenn er freien, selbstsicheren Handelns und Entscheidens ansichtig wird, darf uns nicht wundern. Ein uneingeschränktes Ausleben sexueller Begierden – nicht nur Erwachsener, auch schon von Kindern – bezeichnet man aus einer verengten dualistischen Perspektive als lasterhaft, prangert es an, ist entrüstet. Mit Tugend hat eine solche Einstellung nichts zu tun, abgesehen davon, dass es sich dabei um Tatbereitschaft handeln würde. Diese ist auf ein zu verwirklichendes Gutes ausgerichtet.

Was jeweils als gut, somit erstrebenswert zu gelten hat, mag allemal situationsbedingt sein. Ganz triviale Vergleiche können das möglicherweise ein wenig veranschaulichen: Bei Sonnenschein bedarf es keines Regenschutzes. Und einem Hungrigen ist mit dem Vorlesen hübscher Gedichte nicht geholfen. Trotzdem bewahrt uns die Einhaltung bestimmter Grundsätze, solcher, die vorwiegend dem Gemeinwohl dienen, aber auch dem Schutz der Person gelten, vor schrankenloser Beliebigkeit.

Was allen zugutekommt und sich für den Einzelnen als hilfreich erweist, muss nach Möglichkeit miteinander in Einklang gebracht werden. Sich für jemanden »opfern« kann immer nur ein freier Entschluss sein. Selbstverständlich gilt es auch für die Selbsteinschätzung als erstrebenswert, sich zugunsten eines Mitmenschen nützlich zu machen, auch wenn damit zuweilen eine persönliche Einbuße verbunden sein sollte.

Das Leben verdient Ehrfurcht, zumindest aber Pflege und Schonung. Das ist ein Grundsatz, der die längste Zeit keinerlei Berücksichtigung gefunden hat. Dass damit auch tierische und selbst pflanzliche Formen gemeint sein können, wird uns heute immer mehr bewusst, und zwar durch die Möglichkeit des Artensterbens. So weit wird das Sich-untertan-Machen der Schöpfung als biblischer Auftrag wohl nicht reichen dürfen. Dass die Atomkraft zwecks einer globalen Vernichtung unseres Planeten irgendeinmal zum Einsatz kommen kann, übersteigt zwar unser Vorstellungsvermögen, bleibt aber dennoch als latente Angst ständig aufrecht.

Versprechen sind einzuhalten, denn Treue ist ein hohes Gut. Man möge außerdem um Diskretion bemüht sein, soll sich nicht in fremde Angelegenheiten unaufgefordert einmischen. Wir dürfen uns auch nicht auf Kosten eines Mitmenschen bereichern. Es besteht kein Zweifel, dass Lüge und Betrug bis hin zu Raub und Mord Verbrechen gegen die Menschlichkeit sind. Es ist zu erwarten, dass der Rechtsstaat den Bürgern Schutz bietet, wenn schon das Gewissen einzelner Individuen offenbar disfunktional geworden ist.

Der Philosoph Immanuel Kant spricht in seiner »Kritik der praktischen Vernunft« sowohl von Pflicht als auch von Autonomie. Im Gewissen verspürt ein Mensch, wozu er verpflichtet, nicht aber gezwungen ist. Gleichzeitig weiß er es, ist davon überzeugt. Niemand braucht ihm dann etwas anzuschaffen, ihn womöglich zu einem blinden Ausführungsorgan eigener Wünsche zu degradieren. Einsicht und die persönliche Bereitschaft sind ausreichend. Dass die Selbststeuerung, was die Rechte und Bedürfnisse anderer betrifft, Grenzen hat, ist ausdrücklich zu betonen.

Aber nicht nur das Gewissen erweist sich als handlungsorientiert, auch das Gemüt und der Charakter. Wir gehen hier von einem Ineinandergreifen dieser drei seelischen Instanzen aus. Dem Charakter kommt keine übergeordnete Stellung zu, schon gar nicht, wenn jemand glaubt, auf eine diesbezügliche Verhärtung (als Festigkeit) auch noch stolz sein zu können. Verhindert würde die Zwanghaftigkeit des Gewissens hauptsächlich durch den Einfluss des Gemüts.

Eine starke emotionale Wirksamkeit und Einflussnahme ist dadurch vorhanden. Präzise Empfindungen weisen darauf hin, worauf es in einer bestimmten Lage vor allem ankommt. Von Weichheit (nach Art der Gemütlichkeit) ist keine Spur zu erblicken, wenn nicht nur verbal »Mut« anklingt, jemand sich zu einem bestimmten Handeln vielleicht erst mit beträchtlicher Selbstüberwindung durchringen musste. Der Gemütsanteil erscheint mir die eigentliche bewegende Kraft zum Guten zu sein.

Zugleich sei darauf hingewiesen, dass im Handeln ein Mensch immer als Ganzheit Stellung nimmt, sich ausdrückt, persönlich darstellt – insbesondere, was seine Bewusstseinsfunktionen anlangt: Das Denken ist im Gewissen repräsentiert, der Wille im Charakter als dem Energiezentrum. Im Gemüt schließlich drückt sich das Lebewesen samt seiner Kontaktfähigkeit und einem geradezu unverzichtbaren Einfühlungsvermögen aus.

Pflichterfüllung ohne ein entsprechendes Gestimmtsein bliebe vor allem bei helfenden Berufen, einer Dienstleistung, der Aufgabe von Eltern und Erziehern eine staubtrockene Angelegenheit, fiele womöglich sogar irgendwie kränkend und beleidigend für den Empfänger aus. Dieser fühlt sich am Ende irgendwie schuldig, jedenfalls nicht liebevoll beschenkt und persönlich angenommen.

Ein Zweifeln am eigenen Urteilsvermögen kann das Gewissen erheblich labilisieren. Autoritäten haben das häufig erfolgreich in die Wege geleitet. Solche bedauernswerten Menschen betreiben dann zur Sicherheit ausschließlich eine Nachahmung. Sie glauben der Werbung, sind einfallslos, haben keinen Weitblick, unterwerfen sich stets blindlings.

»Jemand wie ich taugt nur zum Geldausgeben, nicht aber dazu, eine Firma zu leiten«, äußerte ein Patient (45) verdrossen. Er hatte »nichts gelernt«, das heißt ihm fehlte ein Studienabschluss, außerdem die Erfahrung. Durch den plötzlichen Tod des Vaters sah er sich gezwungen, Verantwortung zu übernehmen. Es war ein steiniger Weg dahin. Doch es gelang schließlich, weil er sich in seine Angestellten, aber auch die Kunden zunehmend hineinzudenken vermochte. »Ohne Herz geht gar nichts«, bekannte er schließlich dankbar.

Eine Gewissensbildung samt Inhalten dessen, was angeblich zu meiden ist, Verbote, Strafandrohungen betreffend, erscheint mir als etwas ganz und gar Überflüssiges, sollten Kinder bereits Warmherzigkeit und Akzeptanz zu spüren bekommen haben. Jemand empfindet das auch im späteren Leben als Stärkung. Ihm ist ein guter Weg gewiesen, sodass er in ähnlicher Weise handelt, sein Verhalten der empfangenen Güte angleicht, mit seinem Nächsten ebenfalls respektvoll umgeht.

Verbrecher (mit Übeltaten von unterschiedlichem Schweregrad) zeichnen sich nach Alfred Adler durch eine nahezu gänzliche Ermangelung des Gemeinschaftsgefühls aus. Es sind meist völlig gemütskalte Wesen, schwerst Deformierte, was ihr Seelenleben anlangt. Zuweilen wirft man jemandem aber allzu rasch vor, er sei gewissenlos. Dazu möchte ich zweierlei zu bedenken geben: Es gibt im Alltag möglicherweise mehr schuldhafte Unterlassungen als böse Taten. Des Weiteren dürfte viel Übles auf Hemmungen, somit einen inneren Zwang, rückführbar sein.

Es ist anzunehmen, dass das Wesen der Neurose hauptsächlich in einer Drosselung der Handlungsfähigkeit besteht, die meist mit einer Hingabe dem Nächsten gegenüber verbunden wäre. Die Charakterstarre wirkt sich als eine Art Mechanismus aus. Es herrscht die praktische Unvernunft an Stelle eines funktionierenden Gewissens. Vor allem zeichnen sich solche Personen durch eine seelische Vereisung aus. Ohne Gemüt wird das Zusammenleben immer ungemütlicher, weil es nur noch narzisstische Ich-Menschen gibt. »Es ist nicht die Leidenschaft, die Leiden schafft, sondern eher ein Zuwenig an starken Gefühlen«(C. Szczesny-Friedmann).

Der Mangel eines stabilen Selbstwertgefühls würde in innerer Leere, Ohnmacht und Depression münden. An die Stelle der alten Schuldängste traten (nach Szczesny-Friedmann) heutzutage nicht weniger quälende Versagensängste. »Er war ein Fremdling gegen sich selber«, urteilte jemand über einen Bekannten. Die äußere Erscheinung war dementsprechend: Er versteckte sich unter Bartstoppeln und Rollkragenpullover. Was sich als noch viel schlimmer erwies: Dieser Mensch vermochte keine Bindung aufzubauen, konnte auch in sich selbst keine Heimat finden.

Aber nicht nur Psychotherapie-Patienten symbolisieren ihr Entfremdetsein durch die äußere Erscheinung, wirken dann abstoßend, obwohl sie sich nichts so sehr wünschen wie Anziehung, Nähe, Einswerden. Der Ich-Verlust lässt sie von Mitmenschen Abstand halten. Man macht in diesem Fall in schockierender Weise auf sich aufmerksam. Geht jemand trotz der abweisenden Geste darauf liebevoll ein, erstickt der Betroffene nicht mehr länger im Zement seines inneren Festungsbaues.

Allzu oft bleibt es bei der Ambivalenz, dem Widerspruch, einem Zwiespalt, der Zurückweisung, die den Einfühlsamen, einen Gemütsmenschen, sehr nachdenklich stimmen müsste. Doch meist macht man sich mit dem Nächsten nicht viel Mühe. »Wer nicht will, der hat schon«, heißt es allzu schnell. Und besonders laut wagt kaum jemand seine Not zu bekunden. Man appelliert nicht an das Gewissen des Nächsten, der hier womöglich eine Erpressung vermuten könnte.

Also schweigen Menschen meist, selbst wenn dem einen oder anderen das Leiden längst über den Kopf gewachsen ist, zum Beispiel einem Busfahrer, dessen zwölfjährige Tochter sich bereits ein Jahr lang im Krankenhaus befindet und dort künstlich ernährt wird, »weil sie nicht essen kann« (ich bekam die Leidensgeschichte rein zufällig mit, mischte mich ein, gab den Rat, es vorerst mit Hypnose zu versuchen und nicht nur, so wie bisher, lediglich medizinische Mittel zur Anwendung zu bringen).

Die Erfahrung in einer Männergruppe wird mir unvergesslich bleiben: Niemand schämte sich, während der Sitzungen seine Seelennot kundzutun, bitterlich zu weinen und die Liebkosungen anderer anzunehmen. Heinz, ein langhaariger junger Mann, bekam von mir zu hören: »Ich hätte gern so einen Bruder gehabt wie Dich.« Allesamt beschenkten wir einander mit Vertrauen, ohne das es im zwischenmenschlichen Bereich keine echte, tragfähige Sicherheit gibt. Manche partnerschaftliche Bedrängnis mag während dieser Tage einer echten Aufbruchstimmung gewichen sein.

Sollte die öffentliche Meinung, wie sie sich vor allem in den Medien, ebenso im Gerede des Alltags bekundet, das Gewissen überflüssig zu machen vorgeben, hätten Menschen dadurch eine kaum zu überbietende Niederträchtigkeit hinzunehmen.

Wo die öffentliche Meinung ihre ganze Macht einsetzt, muss die Wahrheit notwendigerweise unterliegen. Liebeserklärungen würden dann zu Raritäten. Wilhelm Weischedel führt, was derartige Deformationen betrifft, die folgenden Merkmale an (sie können einer persönlichen Gewissenserforschung möglicherweise von Nutzen sein):

- Durchschnittlichkeit (das Außergewöhnliche wird auf ein Allerweltsniveau gebracht, herabgedrückt, trivialisiert)
- Oberflächlichkeit (die Gründe werden nicht erforscht; man begnügt sich mit Künstlichem)

- Allgemeinurteile (eine differenzierte Wirklichkeit kommt dadurch niemals in Sicht)
- Liebe zum Schein (man bewundert den Glanz, auch wenn es sich um etwas Morbides handeln sollte)
- Leichtgläubigkeit (es gibt keinen Rest von Zweifel)
- Neugier (alles wechselt sehr rasch – in Ermangelung eines echten Interesses)
- Hang zum Gewohnten (es handelt sich im Grunde immer um ausgefahrene Geleise)
- Utilitaristische Wandelbarkeit (hier fehlt eigentlich der Charakter)
- Inhumanität (in Form von Sensationsgier, Schadenfreude, Diskriminierung, Rücksichtslosigkeit, Sadismus)
- Flucht vor der Verantwortung (wenn es einmal kritisch wird, schleicht man sich feige davon).

»Es gibt kein ursprüngliches Gewissen der öffentlichen Meinung«, stellt Weischedel abschließend bedauernd-anklagend fest. Damit ist die Vernichtungsmaschinerie dessen, was man uns beharrlich einredet und was dann auf einmal – gar nicht rein zufällig – alle sagen, hinlänglich unter Beweis gestellt.

Die Ewiggestrigen werden mit ihren harten Vorwürfen andererseits der Moral auch keinen besonders guten Dienst erweisen, der Menschlichkeit noch weniger.

Ich fasse das mir so wichtig erscheinende Kapitel, welches uns hoffentlich über ein mögliches Zwangsgewissen voll Zuversicht hinausblicken lässt, mit der Bemerkung zusammen, dass ein Ich-Ideal nur entstehen kann, wenn (im Sinne von Martin Buber) das Du, nicht das Ich, die erste Person ist.

Ein machtlüsternes, autoritaristisches Eltern-Ich hätte in einem Kind für später höchstwahrscheinlich Rachsucht, womöglich bis hin zum Wunsch nach Selbstzerstörung, erzeugt.

Ohne innere und äußere Annäherung, ein In-Berührung-kommen-Wollen, den Annäherungsversuch, Begeisterungsfähigkeit für den oder jenen Mitmenschen, wären wir eigentlich gar keine menschlichen Wesen. Ich denke in großer Zuneigung an einige meiner Freunde, wünsche ihnen einen guten weiteren Weg, freue mich über jedes Lebenszeichen, das ich bekomme.

Die Kraft dazu entstammt immer dem Herzen. Es stellt das eigentliche Zentrum dar. Zugleich wirkt es als Antrieb, ist mehr als nur ein Körperorgan oder ein weihevolles Symbol. Es ist das Wichtigste, weil Liebe das Wichtigste ist.

Dass ich von guten Wünschen sehr viel halte (ohne ihnen eine magische Eigenschaft zuzuschreiben), gestand ich einem Gruppenmitglied zum Abschied.

Möge von diesen wundervollen Stunden eine verwandelnde Kraft ausgehen – für jeden Teilnehmer, dessen Namen ich mir zwar leider nicht merken kann, der für mich aber dennoch weiterhin sehr viel bedeutet.

Am allermeisten bedeuten mir meine drei Söhne, nicht wegen der Blutsverwandtschaft, sondern weil es wirklich ganz wunderbare Menschen sind.

15. Altwerden lernen.
Übung für jeden, der nicht jung sterben möchte

Die ständig abnehmende Geburtenrate in Verbindung mit einer erhöhten Lebenserwartung der Bevölkerung lässt eine Vogel-Strauß-Politik nicht mehr länger zu. Zum wiederholten Mal wurde die Aufgabe der Altenbetreuung dramatisch thematisiert – durch (illegale) ausländische Arbeitskräfte, darüber hinaus die in absehbarer Zeit drohende Unfinanzierbarkeit der Pensionen, Pflegeeinrichtungen und deren unerschwingliche Kosten.

Es handelt sich wohl nicht nur für die Regierung bis auf Weiteres um ein echtes Schockthema.

Wenn wir nicht länger in Untätigkeit verharren oder (vergeblich) auf institutionelle Hilfe warten wollen, wäre es angemessen, baldmöglichst über die »zweite Lebenshälfte« handlungsbezogen nachzudenken. Vom Trend einer Wegwerfgesellschaft lassen wir uns dabei besser nicht leiten (obwohl gegen den Wunsch, »in Würde sterben« zu können, nichts einzuwenden ist, wenn es sich um keine »aktive Sterbehilfe« handelt).

Weder Wissenschaftler noch gesellschaftspolitische Strategen haben sich bisher mit der hier angesprochenen Problematik in ausreichendem Maß befasst, von realistischen Lösungen ganz zu schweigen. Jugendarbeitslosigkeit und die Not im Alter gehen gleicherweise zu Lasten verantwortungsloser, besser gesagt überforderter Politiker, die nicht über eine Legislaturperiode hinausdenken.

Altwerden erweist sich zunächst als eine Drohung. Erwin Ringel hat sich darum bemüht, die positiven Seiten herauszuarbeiten. Nicht nur Betroffene, Menschen, die längst in den »wohlverdienten Ruhestand« getreten sind, haben wir hier im Sinn, sondern auch bereits Heranwachsende, wie ich ausdrücklich betonen möchte.

Sie fühlen sich übrigens oft den Alten verbunden, mit ihnen irgendwie solidarisch, scheuen gleichzeitig vor dem zurück, was sie selber einmal wahrscheinlich erwartet.

Kommt das Mensch-Werden im Alter zum Stillstand, weil die körperliche und geistige Bewegungsfähigkeit immer mehr abnehmen? Die Frage berührt jeden, wo immer er sich auf seinem Lebensweg gerade befindet. Vorbeugen hätte nach Ringel vor allem einer möglichen Altersdepression zu gelten. Dazu werden von ihm mehrere Punkte angeführt. Eine allmähliche Verstimmung kann sich mit psychischen und physischen Hemmungen verbinden, was schließlich zu einem chronisch werdenden Pessimismus tendiert.

Der Verlust des Selbstwertgefühls würde sich unter Umständen in Selbstvorwürfen ausdrücken. Hypochondrische Ideen können mit tatsächlichem körperlichem Leiden gepaart sein.

Am Schluss steht dann der schwindende Lebenswille, womöglich eine präsuizidale Lebensohnmacht. Statt sich einzig und allein auf den sogenannten Selbsterhaltungstrieb zu verlassen, wäre es hilfreich, bedrängten Menschen liebevoll entgegenzukommen, schädigendem Alleinsein damit selber wirksam auszuweichen. Annäherungsversuche sind jeglichem Ruhebedürfnis vorzuziehen.

Das Verdrängen des Alters fängt bereits im Sprachlichen an, wenn »älter« auf Jungsein Bezug nimmt. Es setzt sich fort in der (künstlichen) Forschheit unternehmungslustiger »Senioren«, mündet in der Heimunterbringung, gelangt schließlich zu einem Tiefpunkt, wenn (demente) alte Leute herablassend behandelt werden.

Senilität und Infantilität sind regressive Erscheinungen, wobei der Rückzug nicht immer zu etwas hin erfolgen muss, was einmal war. Er betrifft zunehmend den Abstand von Lebensaufgaben, ist zuletzt eine isolationistische Einstellung.

Vermutlich neigen Menschen, die früher andere ausgegrenzt haben, jetzt dazu, sich abzusondern und immer mehr zurückzuziehen. Vor allem bei den ganz Alten fungieren auch Verfallserscheinungen als Auslöser. Doch es gibt Menschen, die »auf Rückzug trainiert« sind, versichert Alfred Adler.

Spezielle Umstände können diese Neigung noch verstärken. Daher soll am besten schon früh ein »Gegentraining« in die Wege geleitet werden, damit sich der neurotische Konservativismus gar nicht zu etablieren vermag.

Diesbezügliche Lernprozesse würden das Denken, das heißt die Gesinnung, aber auch ein Handeln, die Freiwilligkeit, betreffen, ebenso neidlose Einfühlung in Jüngere, darüber hinaus die aktive Bezugnahme auf den gegenwärtigen Lebenskreis, statt immerzu von früher zu schwärmen, einstige Erfolge zu preisen, sich damit womöglich als etwas Besseres auszugeben.

Andernfalls warten alte Menschen vergebens auf die glückliche Wendung, eine Überraschung, Besucher, sodass sie zunehmend verbittern, schließlich immer mehr vereinsamen (ich weiß leider ziemlich genau, wovon ich hier spreche).

O. F. Bollnow spricht von einer Gerontagogik. Gemeint ist eine Erziehung zum Altsein. Wenn wir solche Menschen nicht von vornherein als Objekte der Betreuung begreifen, muss »Erziehung« hier nicht anstößig klingen. Sollte es sich allerdings um einseitige Maßnahmen handeln, möge man damit bereits kleine Kinder verschonen. Statt von Erziehungsbedürftigkeit spreche ich jedenfalls lieber von Ergänzungsbedürftigkeit. Sie hat Geltung für Menschen unabhängig von ihren Lebensjahren. Alte Menschen beiderlei Geschlechts müssten selber dazu freilich nach Kräften einen Beitrag leisten, dass man sie nicht mehr völlig ignoriert.

Gegen eine Überforderung durch das Ausüben von helfenden Berufen – im Kindergarten, einem Heim, insbesondere aber in der Betreuung von Kranken und Alten – wende ich mich hier ebenfalls. Hingewiesen sei auf das von W. Schmidbauer geschilderte Helfersyndrom. Gemeint ist ein ungesunder Übereifer, und zwar aus dem Bedürfnis nach Anerkennung. Weniger gegenseitige als einseitige Beziehungen sind jedenfalls dafür kennzeichnend. Solche Menschen haben immer ihre Lieblinge. Alle anderen lassen sie links liegen.

Für jemanden im Pflegedienst ist ein echter Ausgleich in der Freizeit ganz dringend vonnöten, andernfalls drohen ihm Ausbrennen und Leerwerden, das berüchtigte Burn-out-Syndrom.

Mein Vorwurf gilt hier den sogenannten Vorgesetzten, die offenbar weder ein Herz haben noch über den nötigen Verstand verfügen, was die Belastbarkeit einzelner Mitarbeiter betrifft.

Das gravierende Humanitätsdefizit in unserer Gesellschaft mag auch von mangelnder Gelegenheit zu einem Umgang mit den Alten herrühren. Vielfach sind sie aus unserem Blickfeld gerückt, obwohl es so viele von ihnen gibt und sie laufend »Nachwuchs« bekommen. Wahrscheinlich stören sie den Schönheitssinn der Perfektionisten. Heranwachsenden gereicht es aber zum Schaden, dass ihnen hauptsächlich Personen vor Augen stehen, die beruflich »voll eingespannt« sind und weder Zeit noch Muße für einen anderen Lebensrhythmus aufbringen.

Wer ist bezüglich Altwerdenlernen ein Anfänger, wer ein Fortgeschrittener? Objektive Maßstäbe versagen hier. Bollnow versichert, dass ein »Zurückbleiben« geradezu als kennzeichnend für den Menschen anzusehen ist. Im Kampf gegen die Verfestigung sei das eigentliche Wesen immer erst noch zu verwirklichen.

Mobilitäten irgendwelcher künstlichen Art und Weise dürften uns darüber nicht hinwegtäuschen. Gegen träges Wiederholen, das man älteren Menschen nachsagt, ihre Verständnislosigkeit für Neues, wendet Bollnow sich der »Möglichkeit des Nachholens« zu. Ein entstandener Mangel kann dazu dann wohl einen durchaus begrüßenswerten Anlass bieten.

Oftmals fühlen Ältere sich dazu gedrängt, auf ihre einstige Tätigkeit zurückzublicken. Es kommt ihnen vielleicht selbstkritisch in den Sinn, dass sie heute vieles anders machen würden. Ich fände es sehr begrüßenswert, würden sie sich von der einst üblichen Bescheidenheit distanzieren. Ein Eintreten für mehr Selbstbewusstsein junger Menschen ist von dieser Seite her dann keineswegs auszuschließen. Wer zuweilen ein Ende seiner beruflichen Laufbahn ins Auge fasst, verzichtet hoffentlich zugleich auf eine Überschätzung der eigenen Wichtigkeit.

Sollten Ruheständler der Macht (zumindest in Form von Geld) nicht entsagen, verschärft das ihre tatsächliche Ohnmacht. E. H. Erikson spricht von »Integrität gegen Lebensekel und Verzweiflung«

als einer Aufgabe für die letzte Lebensphase. Es sei notwendig, die Verantwortung für das eigene Leben zu übernehmen, statt nach irgendwelchen Ausreden zu suchen.

Wenn wir noch einen wichtigen Schritt weitergehen, ist Dankbarkeit angezeigt: für Begegnungen, Hilfeleistungen, all das geschenkte Vertrauen im Lauf der vielen langen Jahre.

Eine hässliche Verzerrung wäre dagegen der Geiz. Er lässt die Vergeblichkeit der aufgewendeten Mühe deutlich erkennen. Denn ins Jenseits mitnehmen kann man sich höchstens die guten Werke. Eine feindselige Note fällt hier besonders unangenehm ins Gewicht. Die »Tröstungen der Religion« machen vielleicht die Verkrampfung überflüssig. Sie verleihen einem Menschen hoffentlich dazu die Kraft, denen, die noch auf dem Weg sind, sich tagtäglich abmühen müssen, wohlwollend zu begegnen.

Ob die Alten in unserer Gesellschaft ein Feindbild darstellen, lässt sich nicht von vornherein in Abrede stellen. Man ist ihnen zuweilen die Rente/Pension neidig, das, wofür sie lange genug eingezahlt haben. Vielleicht möchte man ihre Wohnung besitzen, glaubt, sie müssten mit weit weniger zufrieden sein. Der mörderische Nazigeist (vom »unwerten Leben«) hat auch in so manchem Altenheim Zutritt gefunden, was jede Pauschalverdächtigung der dort arbeitenden Menschen natürlich ausschließt.

Auf die Benachteiligung und ein wünschenswertes Sich-dagegen-zur-Wehr-Setzen ist in unserer Leistungsgesellschaft hinzuweisen. Geringschätzung, Spott, ein nachsichtiges Lächeln, manche Drohgebärde Schwachen gegenüber sind ekelhaft. Das gilt für die erhöhte Lautstärke ebenfalls, da mit einer Schwerhörigkeit im Alter nicht unbedingt gerechnet werden kann. Wer sich über Schwächen irgendwelcher Art lustig macht, beweist lediglich seine menschenverachtende Einstellung.

»Beinahe jeder zehnte Pflegebedürftige wird in Österreich misshandelt«, las ich in einer Tageszeitung. Die Angehörigen seien oft überfordert. Sie sind Täter und Opfer zugleich. »Wer mit Haut und Haaren beansprucht wird«, wehrt sich dagegen verzweifelt. Diese Verzweiflung gilt es zunächst ernst zu nehmen, die Not der

Misshandelten ebenso. Wenn irgendwem nichts Besseres einfällt, als gegen rebellische Jugendliche abermals mit »Disziplin« vorzurücken (ein Aufsatz in dem nämlichen Blatt handelt darüber), kann ich diesem »Rat« gegenüber nur meine Abscheu zum Ausdruck bringen.

»Mit aller Gewalt«, das ist kein Ausweg, sondern eine autoritaristische Sackgasse. Ich weiß nicht recht, ob wir damit nicht tatsächlich in der Steinzeit gelandet sind. Jeder ist zweifellos auch vom Urteil anderer abhängig, bleibt zumindest von deren Zuneigung oder Geringschätzung nicht unberührt.

Trotzdem machen wir – buchstäblich von Kindheit an – einen Fehler, wenn einzig Ansehen und Ehre (die guten Noten in der Schule, später das Lob des Chefs, danach die Freundlichkeit der Angehörigen) unseren eigentlichen Wert bestimmen. Dann sind wir erpressbar, weil ständig vom Liebesentzug bedroht.

Ablenkung, zahlreiche Aktivitäten für Senioren, Ausflüge, Fitness, so hilfreich das als Beschäftigungstherapie alles sein mag, ebenso die gesunde Ernährung und eine gewisse Regelmäßigkeit, es erweist sich als völlig unzulänglich vor der Frage nach Sinn und Wert unseres Daseins.

Es ist nun die Zeit, in der sich eine Lebenslüge auswirkt, nicht mehr verschleiert zu werden vermag. Irgendwann schlägt für jeden – spätestens beim Sterben – die Stunde der Wahrheit. Ich beneide niemanden, der ganz plötzlich vom Tod hinweggerafft wird, auch wenn es für die Angehörigen ein gewisser Trost sein mag, dass er nicht leiden, keinen Todeskampf durchstehen musste.

Im Übrigen ist das Sterben für etwaige Einschüchterungsversuche (einstmals religiöser Art) ganz und gar ungeeignet. Jeder, der es dennoch wagt, müsste sich zugleich selber an der Nase nehmen. Allzu lange wollte man Menschen mit dem Hinweis auf Himmel und Hölle Gehorsam aufzwingen, sie durch Drohungen gefügig machen. Heute haben Verkehrsunfälle, die Zahl der Kriegs- und Terroropfer anderswo, die Präsenz von Toten in den Medien eine katastrophale Abstumpfung bewirkt.

Der mittelalterliche Totentanz erscheint uns zunächst höchst makaber und grausam. Doch seine Botschaft, dass Bettler und Reiche, Bauersmann und Fürst gleicherweise von dem Mann mit Sense und Stundenglas einmal geholt werden, soll auch in unserer Zeit zu einer Korrektur von falschen Wertmaßstäben einen heilsamen Beitrag leisten. Das Verdrängen von Alter, Krankheit, des Sterbens bekundet eine ausgesprochen lebensfeindliche Orientierung.

Die Absonderung von Menschen aus ethnischen, politischen und religiösen Gründen zählt zu den größten Grausamkeiten in der Geschichte. Die Art, wie man mit Betroffenen verfährt (Schubhaft, Abschiebung), kann uns an der Menschlichkeit der Vollstrecker zweifeln lassen, der Gesetzgeber aber ebenfalls. Oft ist mit der Ausgrenzung nämlich der erste Schritt zur Ausrottung getan (ich erinnere mich genau an das, was ich als Kind erlebt habe, als plötzlich alle Juden aus meiner Heimatstadt verschwunden waren).

Pogrome, eine Vertreibung, das Ghetto, alles, was den Menschen mosaischen Glaubens schon im christlichen Mittelalter widerfuhr, der Antisemitismus seither, Orgien des Hasses, schließlich die Massenvernichtung im Dritten Reich, dagegen hätten sich Menschen sich jeglichen Alters aufzulehnen, indem sie Güte walten lassen, nicht aber Macht ausüben.

Irgendwie scheint man stets der »schwarzen Schafe« zu bedürfen, um auf sie das eigene Unrecht abwälzen zu können. Die Verweigerung, Flüchtlinge aufzunehmen, kann stets mit Zustimmung breiter Kreise der Bevölkerung rechnen. Denn viele fürchten sich vor dem Verlust von Arbeitsplätzen, sprechen entrüstet über »Sozialschmarotzer«, wehren sich gegen eine angebliche »Überfremdung«. Schon immer regte sich der Gerechtigkeitssinn dann am meisten, wenn es um den eigenen Geldbeutel ging. Man wendet Missliebigen zumindest vorwurfsvoll den Rücken zu.

Doch was hat das alles mit den Alten zu tun, Menschen, die nach den Zerstörungen des Krieges die Wiederaufbauarbeit geleistet haben und schließlich sogar ein »Wirtschaftswunder« zustande brachten? Ich möchte durch den Hinweis auf Wegschiebestrategien dafür eintreten, alten Menschen, so lange es verantwortbar ist, ein Leben in ihrer gewohnten Umgebung zu ermöglichen. Die Hochbetagten sollten sich zumindest nicht in ein Ghetto verbannt fühlen. Ich denke dabei dankbar-bewundernd an gut geführte Heime, aber auch an Wohnhäuser, wo es zunächst vielleicht doch so etwas wie eine Nachbarschaftshilfe geben könnte.

Problematisch wird der Umgang mit alten Menschen, wenn der Anschein erweckt wird, es handle sich um eine bloße Sache. Auch der Alterungsprozess selber wird dann zum Problem, verläuft schmerzvoll, demütigend. In Wirklichkeit ist auf beiden Seiten eine Echtheitsprobe gegeben. Folgende Aspekte verdienen zugunsten des »Lebensabends« Beachtung:

- Konkurrenzdenken – es scheitert nun endgültig, wirklich ausgezahlt hat es sich eigentlich niemals
- Charakterdefekte, aber auch gute Eigenschaften treten immer deutlicher hervor
- Passivität trotz Geschäftigkeit, mangelnde Initiative, wenn es damit auch im Greisenalter so weitergeht, bleibt schließlich nur ein sinnloses Leiden
- Krisenbewältigung ist gefordert – anders als vom Kind zum Jugendlichen, vom Jugendlichen zum Erwachsenen, aber ähnlich schmerzhaft
- Schöpferische Fähigkeiten erweisen (bei so viel Freizeit) ihre Kraft. Der drohenden Langeweile gilt es jedenfalls den Kampf anzusagen.

Ein Umstand zählt zu den großen Bedrückungen des Altwerdens, gegen den die liebevollste Fürsorge nichts vermag. Gemeint ist das Vereinsamen, weil Gleichaltrige, oft viel Jüngere, allmählich wegsterben. Immer kleiner wird die Schar derer, mit denen jemand, der in die Jahre gekommen ist, sich von früher her verbunden, aber auch verstanden und gewürdigt fühlt. »Es ist schon so lange her, und doch ist es mir, als sei es gestern gewesen«, bekommt man gelegentlich zu hören. Dann erhalten Erinnerungen notwendigerweise ein Übergewicht.

Wenn dennoch darüber geredet wird, was einmal war, kann sich bei den Zuhörern Fremdheit einstellen. Wen interessiert das schon in all der Hektik und angesichts der neuen Armut infolge Rationalisierung? Selbst nostalgische Ambitionen reichen meist nicht aus, um wirklich mitzufühlen und sich hineinzudenken. Das Blumensträußchen zum Muttertag, dazu ein Lied durch den Kinderchor, hernach Kaffee und Kuchen, das alles entspringt besten Absichten, macht zugleich unendlich traurig. »Das Paradies war es nicht, aber jetzt ist es die Verbannung«, meinte eine Frau, die ständig ans Bett gefesselt ist. Sie sprach damit nicht nur die eigene Verfassung an.

Mir ist bewusst, dass das sehr subjektive Gedankengänge sind. Zumindest an so manches Gespräch mit alten Leuten erinnere ich mich jedoch (ehe ich selber nun weiß, wie einem da zumute ist). Die Frage, ob das wirklich alles ist, was nach einem arbeitsreichen Leben übrig blieb, die paar Dinge, Möbel, Wäsche, Geschirr, Kleinigkeiten, wenn einmal die Wohnung leer steht, weil jemand, der hier lange Zeit sein Daheim hatte, inzwischen ein Plätzchen auf dem Friedhof fand, sie bedrückt selbst einen Menschen, der an ein Weiterleben im Jenseits glaubt.

Gerade ein Kind müsste spüren, dass es geliebt wird, so wie es ist, niemals nur »zur Belohnung«. Ob ich als Kind Zärtlichkeit empfangen habe, ich konnte die Frage nicht beantworten. Die kleinen Schwächen bewunderter Persönlichkeiten wirken oft ausgesprochen erfrischend. Wem lange die Erkenntnis vorenthalten blieb, dass seine Eltern keine Übermenschen sind, den hat man um eine wichtige Erfahrung betrogen. Die krampfhafte Selbstbeherrschung von Vater und Mutter zahlte sich wirklich nicht aus, weil Herrschen sich niemals auszahlt. Wer immer vorbildlich sein will, macht sich damit bloß lächerlich. Er ist längst durchschaut.

Wenn einem Kind bewusst Unbeschwertheit zugestanden wird, Genussfähigkeit, auch der Hang, manches abzuschütteln, was ihm zunächst unwichtig erscheint, es überfordert, nur langweilt, der leistet einen unschätzbaren Beitrag zur späteren Flexibilität. Ihrer bedürfen wir während unseres ganzen Lebens. Die Psychotherapie hat ihrem Wesen nach eine Flexibilisierung zu bewerkstelligen.

Ich widerspreche der Aussage von Alfred Adler keineswegs, wonach der Mensch als ein Mängelwesen stets nach Vollkommenheit strebt. Gerade deren Unerreichbarkeit hält andererseits das Streben in Gang. Verwöhnung würde den traurigen »Schlusspunkt in der Entwicklung zum Mitmenschen« setzen. Sinnvoll sind Anstrengungen nur, wenn sie gemeinsam unternommen werden.

Wer den Machtkampf verabscheut, nicht immer recht haben will, sich selber Schwächen und Fehler zugesteht, Humor besitzt, leistet für den Fortbestand der Humanität im elektronischen Zeitalter einen unschätzbaren Beitrag. In der Sprache bekundet sich beides: Vollkommenheit, aber auch die Unvollkommenheit des Menschen. Gerade deshalb dauert der Dialog fort, kommen wir damit nie an ein Ende. Der Inhalt, die Information, ist nicht wichtig, die Wertschätzung sehr wohl. Die Mitte zwischen Extremstandpunkten, das, was in einer bestimmten Situation und vielleicht bis auf Weiteres nützlich ist, müsste dialogisch ausgehandelt werden, und zwar auch zwischen Erwachsenen und Kindern, aber ebenso den alten Menschen gegenüber, die man nicht besserwisserisch »überfahren« darf.

Ein Kämpfen soll nie gegen Menschen erfolgen, auch nicht gegen sich selber. Beides führt zu einer Entzweiung. Wenn man schon unbedingt von »kämpfen« sprechen will, könnte man doch besser »mit vollem Einsatz« sagen. Dieser zahlt sich aber nur aus, wenn jemandem dadurch geholfen ist. Das rechte Maß wird nicht durch Abstände festgelegt, sondern durch Nähe bestimmt. Maßlosigkeit ist ein pathologisches Phänomen. Es verrät einen Mangel an Empfinden, genauer gesagt Seelenstumpfheit. Die Quantität vermag Qualitäten niemals zu ersetzen.

Auf den Schwächeren muss jedenfalls Rücksicht genommen werden. Ihn darf man nicht übergehen: Weil er in seiner Hilfsbedürftigkeit und dem Angewiesensein mehr Mensch ist als einer, der sich Entscheidungen, durch die anderen eine unerträgliche Last auferlegt wird, selbstherrlich anmaßt.

»Dass der lebendige Mensch wichtiger ist als jedes abstrakte Prinzip«, stellt O. F. Bollnow entschieden fest. Wenn ich mich wiederholt auf diesen Denker berufe, der schon eine ganze Weile tot ist, und Novitäten (siehe Literaturverzeichnis) von mir nicht die notwendige Aufmerkzamkeit geschenkt wurden, möchte ich das gar nicht in Abrede stellen. Es geschah mit voller Absicht, nicht rein zufällig.

Ich halte es nämlich für ausgesprochen undankbar, geradezu abstoßend, wenn Autoren, die einstmals geschätzt waren, plötzlich nicht mehr genannt werden, weil sie »aus der Mode gekommen« sind.

Vielleicht wollte ich einem Geschichtsverlust inmitten unserer schnelllebigen Zeit beharrlich Widerstand leisten und dazu auch noch einen ganz persönlichen Dank abstatten – Otto Friedrich Bollnow, aber auch Erwin Ringel und vor allem Alfred Adler gegenüber. Erich Fromm weiß ich auch sehr zu schätzen.

Bei dem vorangegangenen Text beziehe ich mich auf mein Sinn-Suche-Buch. Ganz bewusst wollte ich dieses Thema nicht an den Schluss des Buches stellen, damit man nicht sofort an das Sterben als das Letzte denkt, einer Tatsache, der wir andererseits nirgendwo auszuweichen vermögen.

Sie begleitet uns von Beginn unseres Daseins an, ist dennoch unbegreiflich. Möge dennoch das Licht jedes neuen Tages durch unser Zutun auch andere froh machen.

16. Mit den Augen des Kindes.
Sich unbedingt zur Hingabe bewegen lassen

Das Staunen stellt (nach Platon) den Anfang der Philosophie dar. Nur ein Dummkopf hält alles, was ist, für völlig selbstverständlich. Von Kindern können wir dagegen das Verwundertsein lernen, weil sie offenbar tiefer blicken, nicht Distanz halten, vor allem zur Hingabe bereit sind. Mit ihren Fragen bringen sie so manchen Erwachsenen zuweilen in Verlegenheit. »Warum ist überhaupt Seiendes und nicht vielmehr nichts?«, fragt Martin Heidegger.

Ein Kind will nicht allein sein, deshalb stellt es Fragen, bekundet damit sein Vertrauen, bekennt sich zum Angewiesensein auf andere. Die Auskunft ist ihm weit weniger wichtig als jener, der sie ihm gibt. Es geht hier um eine existenzielle Wahrheit. Darauf möchte ich sowohl Eltern als auch Lehrer gebührend aufmerksam machen. Das letzte Kapitel dieses Buchs nimmt teilweise auf einen Text Bezug, der schon früher entstanden ist und danach ergänzt wurde. Ursprünglich war es meine Absicht, Erfahrungen mit meinem Erstgeborenen zu Papier zu bringen. Veröffentlicht wurde dieser Text dann aber nie.

Wem die in der Überschrift angedeutete Perspektive allzu simpel erscheint, den lade ich dazu ein, seinen Standpunkt doch besser zu einem Ausgangspunkt zu machen. Das bedeutet auch, Kinder mit anderen Augen anzuschauen. Wenn es beim griechischen Philosophen Protagoras (gestorben 410 v. Chr.) heißt, der Mensch sei »das Maß aller Dinge«, so spreche ich hier die Forderung aus, das Kind als Maß des Menschen anzuerkennen.

Die Dinge erscheinen mir nämlich weit weniger wichtig als Menschlichkeit, zu der wir insbesondere durch die Sorge um das Wohl eines Kindes, liebevolle Verbundenheit und die Bereitschaft, von ihm zu lernen, gelangen können.

Dass unter Christen das Bild Mariens mit dem Jesuskind auf dem Schoß eine so große Wertschätzung fand, ist doch wohl kaum ein reiner Zufall. Das Christentum ohne die Muttergottes wäre für mich jedenfalls eine traurige, trockene Angelegenheit.

Auch in dem Sinn ist das Kind Maß des Menschen, als es unbedingt der Ergänzung bedarf, auf Zuwendung angewiesen ist, Anerkennung und Wertschätzung dringend braucht, solche emotionalen Phänomene buchstäblich lebensnotwendig sind.

Die Situation in den Entwicklungsländern mit all dem Kinderelend im Schatten von Reichtum, Luxus, Ausgaben für Rüstung, sollte Menschen zu einer Veränderung ihres Denkens, Fühlens und Wollens veranlassen. Infolge fehlender Entwicklungsbereitschaft müssten wir vor der Zukunft noch wesentlich mehr Angst haben.

In jedem Alter erscheint dem Menschen die Welt ein wenig anders. Derselbe Gegenstand wirkt auf ein Kind vielleicht erschreckend. Der Jugendliche vermag darüber zu lachen, denn er weiß, wer hinter der Maske steckt. Erwachsene interessieren sich hauptsächlich für Kosten, Einkünfte, das liebe Geld. Die Alten langweilt vieles, weil sie »nicht mehr mitmachen, nur noch zuschauen können« (stellte ein Zweiundachtzigjähriger ziemlich freudlos mir gegenüber fest). Höchst aufschlussreich ist aber nicht nur das Wahrnehmungsergebnis, sondern auch, was einer übersieht.

Alfred Adler spricht von »tendenziöser Apperzeption«, die im Fall der Neurose besonders ausgeprägt und durch die damit in Verbindung stehende Übertragung geradezu entstellt ist. Kleine Kinder sind vom Nützlichkeitsdenken hoffentlich noch nicht angesteckt. Sie fühlen sich mit allem verbunden. Eine Subjekt-Objekt-Spaltung steht ihnen erst noch bevor. Aufgrund eines »magischen Denkens« glauben die Kleinen, auf vieles einen Einfluss ausüben zu können, was möglicherweise eine Ahnung vom Geheimnis unseres Daseins bekundet. Neurosen lassen sich (nach individualpsychologischer Auffassung) umgekehrt als Ausdruck einer Seelenblindheit deuten. Es entsteht ein Ohnmachtsgefühl. Man gewinnt den Eindruck, irgendwie gelähmt zu sein.

Das Machtprinzip trägt dazu bei, dass Schwächere einer Entwertung anheimfallen. Charakteristisch dafür ist auch der Konkurrenzkampf. Man sollte doch in Erwägung ziehen, ob nicht so manche »Verrücktheit« Jugendlicher eine Folge ihrer Verzweiflung ist. Sie haben es mit sich selber schon schwer genug, werden dann oft noch durch die Verständnislosigkeit Erwachsener gehörig drangsaliert, erniedrigt und überfordert.

Ein Beispiel für die Fehleinschätzung von Kleinkindern, nämlich eine Art autoritaristischer Projektion, stellt der häufig verwendete Begriff »Trotzalter« dar. Es handelt sich dabei um eine missbilligende Deutung. In Wirklichkeit gehen in einer bestimmten Entwicklungsphase Wollen und Können nicht konform. Die daraus hervorgehende Frustration beziehen ich-schwache Erwachsene dann fälschlich auf sich. Sie überschätzen ihre Wichtigkeit maßlos, empfinden außerdem das kindliche Expansionsbedürfnis als lästig, wollen einfach ihre Ruhe haben. Wahrscheinlich leben bei ihnen eigene unerfreuliche Kindheitserlebnisse wieder auf.

Eine Destruktivität bei den Kleinen bezeugt immer enttäuschte Hoffnungen, und zwar in Form von Toben, Schreien, aber auch Bettnässen, symbolischem Diebstahl, Zerstörungswut (Geschirr zerschlagen …). Als heilsam würde sich die Sorge für ein Tier auswirken. Als Spielzeug eignet dieses sich allerdings nicht.

Unlängst lernte ich einen Jungen (17) namens Paul kennen, dessen stattliche Erscheinung zu seiner Zaghaftigkeit in einem eigenartigen Kontrast stand. Vor nicht allzu langer Zeit hat er die Mutter verloren, versteht sich mit seiner Schwester nicht, macht sich Sorgen, dass dem Vater die Schulden über den Kopf wachsen und »die viele Arbeit ihn umbringt«. Zufällig erfuhr ich, dass ihm das Aufsetzen einer Perchtenmaske große Freude bereitet. Er schlägt nicht zu, will damit offenbar nur Leute beeindrucken.

»Dann fühle ich mich nicht mehr als ein Nichts.« Ob ihm mit einem Mädchen als Freundin viel geholfen ist, dessen Eltern ihn, den Lehrjungen, als »zu minder« ansehen, wage ich zu bezweifeln. Die Sache mit der Perchtenmaske erinnerte michs an meinen Sohn Peter, der als kleines Kind von einem Hund gebissen wurde.

Er kompensierte den Schock dadurch, dass er wiederholt auf allen Vieren herumhopste und laut »Wauwau« rief.

Er war selber zu einem Hund geworden, brauchte sich somit vor Hunden nicht mehr zu fürchten. Dem Paul wünsche ich von Herzen, dass er so, wie er ist, geschätzt und geliebt wird, damit er allmählich Zuversicht gewinnt und die Welt dann für ihn ein einladenderes Gesicht zeigt. Teilnahmslose Blicke verraten und bewirken andererseits Aussichtslosigkeit, womöglich ein Dasein, in dem man sich nicht mehr zurechtfindet.

Den freundlichen Ausdruck deute ich umgekehrt als Einladung. Ich bin willkommen, man begrüßt es, dass ich da bin. Ich habe mich über den Besuch von Paul jedenfalls aufrichtig gefreut. Eine Selbstverständlichkeit ist das alles heute nicht. Durch Erzählungen eines gemeinsamen Freundes war mir der Junge mit seinen Hoffnungen und Ängsten bereits ziemlich vertraut, sogar ein wenig ans Herz gewachsen.

Einander in die Augen schauen ist eine Bekundung des Vertrauens, der Bereitschaft zu Partnerschaft und treuer Verbundenheit. Die Augen bilden dabei nicht nur einen Teil des menschlichen Körpers. Auch für das Gesicht würde das nicht zutreffen. Eine quantifizierende Betrachtungsweise müsste hier unweigerlich in die Irre führen. Wir sprechen vom Gesichtssinn und verbinden damit die Annahme, dass der Empfang optischer Eindrücke und die physiognomische Erscheinung untrennbar zusammengehören.

Nicht um etwas Messbares geht es dabei. Der menschlichen Personalität hoffen wir zu begegnen, die sich hellen Blicks oder mit gerunzelter Stirn bekundet. Zur Verstellung sind Kinder glücklicherweise noch nicht in der Lage, selbst wenn sie zuweilen eine Rolle spielen oder eine Maske aufsetzen.

In gespannter Aufmerksamkeit (zum Beispiel beim Zuschauen, wenn der Kasperl im Kindergarten auf der kleinen Bühne erscheint) sind alle Bewegungen der Hinwendung zum Sichtbaren untergeordnet. Es heißt dann von jemandem, dass er »ganz Auge« ist. Das Geschaute nimmt ihn völlig gefangen. Der Mund öffnet sich ein wenig, doch die Worte sind verstummt. Wir können eine solche Haltung an Menschen beobachten, die eine Zeit lang darauf vergessen haben, dass sie gesellschaftlicher Konvention zufolge unbedingt »ihr Gesicht wahren« sollen.

Zurückhaltung mag einem bestimmten Leitbild angemessen und in der anonymen Massengesellschaft bis zu einem gewissen Grad sogar notwendig sein. Wenn wir jedoch nach Menschlichkeit Ausschau halten, lehren uns Kinderaugen, darüber hinaus der Übermut der Kleinen, ein anderes Mal ihr angespannter Ernst, dass Verschlossensein in sich selbst als eine Gefangenschaft zu deuten ist. Es handelt sich um etwas Krankhaftes.

Kinder müssen in Wirklichkeit gar nicht »alles haben«. Das gesehene Schöne, ein Schmetterling, die Blume, die sich über Nacht geöffnet hat, genügt oftmals vollauf. Man wird in diesem Alter auf Kleinigkeiten aufmerksam, wundern sich, ist erstaunt. Etwas gilt aber nur dann als wirklich schön, wenn man es jemandem zeigen kann. Diese Mitteilsamkeit soll nicht missachtet und bagatellisiert, sondern vielmehr als Kostbarkeit angenommen werden.

Etwas Schöpferisches fällt dabei auf: Die Dinge bekommen im Kinderspiel neue Eigenschaften. Der Tisch wird zu einem Haus, ein Sessel findet als Fahrzeug Verwendung. Kinder schaffen sich eine Fantasiewelt, über die sie mit Spielgefährten rasch einig werden. Im Rollenspiel gibt es Verkleidungswünsche. Adler spricht diesbezüglich von Bausteinen, Eindrücken, die erst durch die »freie, schöpferische Kraft des Kindes« ihre volle Bedeutung erlangen.

Was auf einen Menschen Einfluss gewinnt und was nicht, liegt somit niemals schon in Form von Tatsachen unverrückbar fest. Er kann selber bis zu einem gewissen Grad darüber verfügen und entscheiden. Wir werden nicht im eigentlichen Sinn behaupten können, dass jemand, der staunt, »gefangen«, das heißt seiner Freiheit beraubt, somit passiv sei. Mit der Hinwendung zu einem Gegenstand, den er in Augenschein nimmt, ist zuweilen höchste Aktivität verbunden. Gerade im Sehen – durch Anschauen verdichtet sich der Mensch zu seiner unverwechselbaren Ganzheit. Gleichzeitig zeigt sich hier deutlich sein Angewiesensein auf die Welt der Erscheinungen, aber auch dessen, was dahintersteht.

Absoluter Reizentzug, so haben Experimente erkennen lassen, führt in überraschend kurzer Zeit zum Auftreten oftmals irreparabler Krankheitszustände. Die Annahme eines ganz für sich seienden Ichs kann bestenfalls Beschreibung eines psychotischen Zustands sein. Denken allein beweist aber noch nicht unser Dasein (behaupte ich entgegen René Descartes). Erst die Gemeinschaft – infolge von Ausschauhalten – rüttelt uns wirklich wach. Es entsteht Hoffnung auf Dazugehören, das sehr weit reicht.

Das Elend von Menschen, die ihrer Sehkraft beraubt sind, der Blinden, lässt sich kaum ermessen, selbst wenn es für sie durch den Tastsinn einen gewissen Ausgleich geben mag. Sofern einer in mehrfacher Hinsicht nach Ergänzung strebt, ist er zugleich auf Einswerden ausgerichtet, wobei die Hingabe aber nicht Verschmelzung bedeutet, sondern in erster Linie Ich-Findung, und zwar durch das Du. Wenn jemand behauptet, ich würde mich mit meinen Hinweisen auf mitmenschliche Notwendigkeit ständig wiederholen, widerspreche ich ihm nicht. Ich weise damit ganz bewusst auf etwas schlechthin Unentbehrliches hin.

Das Einander-in-die-Augen-Schauen bringt Wesentliches zum Ausdruck. Für die Reiz-Reaktions-Lehre der Verhaltenspsychologie wird das Kind vollends zum Manipulationsobjekt, weil man dort infolge von Verbohrtheit für Feinheiten bedauerlicherweise blind ist, ein In-Berührung-Kommen zum brutalen Zugriff entartet. Ob uns der Blick von Kindern von diversen Lebenslügen befreien kann, diese selber davor bewahrt bleiben, hängt von einer bestimmten Bedingung ab: Wir müssen völlig unvoreingenommen sein.

Vorurteile sind in Wirklichkeit mangels Selbstkritik und gründlichen Umschauhaltens gar keine Urteile. Peter Lauster nennt acht Denkhaltungen »verlogen«. Sie sind durch Abwehrmechanismen (neurotische Konstrukte) gestützt.

Menschen geraten durch sie in das Netz eines verhängnisvollen Selbstbetrugs, weil sie sich mit untauglichen Mitteln gegen die Angst zur Wehr setzen. Folgende Behauptungen bedürfen daher unbedingt einer Widerlegung:

- »*Charakter ist wichtiger als Individualität.*« Hier wurde das Eingeredete, die Manipulation verinnerlicht. Das Kind ist dagegen spontan; es denkt zunächst nicht darüber nach, welcher Eindruck von ihm erwartet wird. Wer Kinderlügen streng bestraft, erzieht das Kind zum Lügen.
- »*Der Mensch braucht unbedingt Ideale.*« Das eigentlich Ungesunde ist hier der Bewertungszwang, außerdem die damit verbundene Verkrampftheit. Wenn einer sich nicht verstellt, sich so gibt, wie er ist, bekundet er damit Selbstbewusstsein.
- »*Sicherheit geht vor.*« Wir können entgegnen: Die Angst vor Strafe unterdrückt Freiheit, zwingt zum Abstandhalten, zur Unterwerfung und außerdem zu einer ständigen aufreibenden Selbstkontrolle.
- »*Jeder ist sich selbst der Nächste.*« Statt den Egoismus, der die Welt unmenschlich macht, zu bekämpfen, entscheidet sich hier einer für etwas Kraftraubendes, nämlich die Kontaktvermeidung.
- »*Es gibt Rang- und Wertunterschiede.*« Diesem widerlichen Hierarchismus widersetzen wir uns durch Ehrfurcht vor Kindern und alten Leuten, solchen, die scheinbar keine besonderen Leistungen vorzuweisen haben.
- »*Intelligenz ist wichtiger als Gefühl.*« Wenn es so wäre, würde uns eine psychosoziale Eiszeit drohen, in der gar keine Kinder mehr zur Welt kommen (sie haben ohne Gefühl ohnedies keine Überlebenschance, wie die Hospitalismusforschung in erschütternder Weise deutlich machte).
- »*Wer liebt, möchte besitzen.*« Wenn etwas total verlogen ist, dann dieser Satz. Bereits Kinder spüren genau, was sie von einer besitzergreifenden (Mutter-)Liebe zu halten haben.
- »*Der Körper ist ein Mittel zum Zweck.*« Die unausgelebte Sinnlichkeit macht Menschen zu Sklaven der Maschine. Ein Sexverbot würde infantilisierend wirken. Wenn der Geist über dem Körper steht, ist die Antwort darauf Arterienverkalkung und Herzinfarkt (betont P. Lauster ausdrücklich).

Es kommt zuallermeist darauf an, die im Alltäglichen beschlossenen Fragen und Antworten hinsichtlich unseres Daseins aufnahmebereit mitzuvollziehen. Neben den Ohren und der Sprache ist das Sehen in seiner kommunikativen Eigentümlichkeit neu zu entdecken: durch mitfühlende, liebevolle, aufmunternde Blicke, ein Streicheln mit den Augen. Wenn man uns in der Familie indessen einst das Abstandhalten lehrte und in der Schule bloß ein Sachwissen vermittelt wurde, fehlt uns das Kennen-lernen-Wollen des anderen, Teilhabe an fremder Denkweise, ohne das Eigene gering zu schätzen und abzuwerten.

Gefordert ist, auch mit den Augen eines Mitmenschen zu sehen (zum Beispiel denen eines Kindes). Begegnungsfähigkeit würde dann die Selbstgenügsamkeit ersetzen, diese zumindest ein Stück weit aus der Welt schaffen. Die sinnliche Offenheit ist auf den Nächsten ausgerichtet und daher mit diesem zusammen zu realisieren, nicht bloß reaktiv und rezeptiv, jedenfalls ohne jeglichen Prioritätsanspruch. Sonst wartet einer nämlich vergeblich.

Kinder sind sich nicht zu gut dafür, den Anfang zu machen, nicht nur weil sie den Erwachsenen brauchen, sondern weil sie ihn sogar lieben. Sie müssten vorerst in ihrer sozialen Relevanz voll und ganz akzeptiert werden. Mit anderen Worten und allen Ernstes: Ohne ihr Vorbild und Beispiel geraten wir immer tiefer in Irrtümer und Schädliches hinein. Die wechselseitige Lernbereitschaft Verschiedenaltriger könnte das erzieherische Verhältnis davor bewahren, entfremdend zu wirken. Das sollten auch Lehrer erkennen, ehe sie klischeehaft (in Bezugnahme auf den Behaviorismus) von »Verhaltensauffälligkeiten« bei Heranwachsenden sprechen.

Mit dem Ausdruck »Weltoffenheit« beschreibt die philosophische Anthropologie das Wesen des Menschen, ein Nicht-festgelegt-Sein – zum Unterschied von den instinktgeleiteten Tieren. Die Überschätzung des biologischen Rüstzeugs in Bezug auf das Seelenleben signalisiert reaktionäre, ideologische, oft sogar faschistische Tendenzen. Die Mängel werden dort besonders schmerzlich spürbar, wo für eine Horizonterweiterung, vorerst ein Ausprobieren, kein

Verständnis existiert, man »Albernheiten« nicht duldet, jungen Menschen »in bester Absicht« etwas aufzwingt.

Die Sicherheit, die von Natur aus fehlt, hätten vertrauenswürdige Mitmenschen uns auf unverwechselbare Art zu bieten. Mit Routine ist vor allem Heranwachsenden nicht geholfen. Eine Anerkennung des kindlichen Wunsches zur Selbstgestaltung, auch wenn es vorerst nur um das Zubinden der Schuhriemen geht, haben Erwachsene zu leisten. Dazu ist Taktgefühl gefordert. Denn Erfahrungen kann man nicht übernehmen, man muss sie selbst machen.

Auch wenn uns das im Alltag nicht bewusst ist, nehmen wir die Wirklichkeit nie in vollem Umfang wahr, sondern sind dabei von Interessen, Angelerntem, Denkgewohnheiten und unserer Gesamteinstellung zum Leben geleitet. Die Einheitlichkeit des Wahrnehmungs-Ergebnisses ist eine subjektive Angelegenheit. Wir finden uns durch eine Art persönlicher Formkraft in der verwirrenden Fülle von Eindrücken einigermaßen zurecht. Andererseits ist diese Eigenart oft Anlass zu mancher Verwirrung, wenn es nicht gelingt, für die Perspektive eines Mitmenschen Verständnis aufzubringen.

Erziehungsaufgaben problematisieren für den Erzieher selbst in heilsamer Weise vieles, was er selbst bisher für unumstößlich gehalten hat – Anstandsregeln, Moralvorschriften, Redeweisen. Das Gespräch mit dem kleinen Peter hat mich einst immer wieder überrascht. Dasselbe gilt gegenwärtig auch für Maren, deren bezaubernde Tochter, ebenso deren jüngeren Bruder Raphael. Benjamin, Bernhards Sprössling, ist auch schon ein aufgeweckter Junge, Jonathan lächelt mich gelegentlich verschmitzt an.

Auf die Korrekturbedürftigkeit unseres Lebensstils werden wir nicht selten gerade durch den Umgang mit Kindern aufmerksam (zum Beispiel wenn wir uns über sie ärgern …). Wer die Devise »Mit offenen Augen« (statt der verbreiteten Scheuklappen) ein wenig weiterdenkt, dem kommt auch in den Sinn, dass wir nach gespannter Aufmerksamkeit während des Tages müde werden, uns schließlich zur Ruhe begeben, uns die Augen zufallen, wir einschlafen.

Hinter den geschlossenen Augen zeigen sich uns dann zuweilen Traumbilder. Es ist eine rätselhafte Welt, die wir da zu sehen bekommen. Wir kommen durch Träume mit dem Unbewussten in Berührung, was immer ihr Inhalt sein mag. Es handelt sich bei diesem Bereich unseres Seelenlebens nicht nur um ein Depot für Verdrängtes, somit einen Neurotisierungsfaktor, wir haben es darüber hinaus mit einem Energiezentrum zu tun.

Dass für jeden Menschen einmal der Tag anbricht, da er die Augen für immer schließt, zumindest für diese Welt, kann ich (trotz entsprechender guter Vorsätze) zum Schluss nicht völlig unerwähnt lassen. Wie schnell aus kleinen Kindern Erwachsene werden und deren Eltern dann auf einmal alt sind, diese Tatsache ist der unwiderlegbare Beweis dafür, dass nichts so bleiben kann, wie es ist.

Dass dann der Zusammenlebenswille besonders wichtig ist, dieser uns zugleich die Kraft zum Abschiednehmen gibt, weil wir an ein Wiedersehen glauben, versteht sich fast von selbst, auch wenn es nicht unumstritten ist, sodass es des tagtäglichen Sich-dazu-Entschließens bedarf.

Die ursprüngliche Widmung habe ich übrigens getilgt. Ich möchte, dass Menschen einander Freude bereiten, somit auf ein vorwurfsvolles Schweigen verzichten.

Eine Reihe von Impulsen. Ausblicke als Nachwort

Ob der Einzahl oder der Mehrzahl in der Überschrift dieses letzten Abschnitts ein größeres Gewicht zukommt, möge dahingestellt bleiben. Der Gefahr einer Starrheit wäre jedenfalls durch Aufgaben abzuhelfen, wobei es immer darauf ankommt, über die Richtung genau Bescheid zu wissen, sich Klarheit verschafft zu haben – durch ein sehnsüchtiges Ausschauhalten.

Grundsätzlich sei nochmals versichert, dass es mir bei alledem, was ich niederschreiben zu müssen glaubte, nicht um eine Systematik ging. Die existiert hinsichtlich der Aufeinanderfolge der vorangegangenen Kapitel jedenfalls nicht. Möge jeder mit den Texten selber etwas anfangen können, manches als einen ernst zu nehmenden Anstoß empfinden, statt bloß auf bessere Zeiten zu warten und ganz passiv zu bleiben.

Vorerst mache ich den Versuch, ein wenig der Frage nachzugehen, was einen Menschen krank macht, sodass er sich dann zur Bewegungslosigkeit veranlasst fühlt, zumindest kürzertritt. Bezüglich anschließendem Rückblick habe ich keine Zusammenfassung im Sinn. Den Gedanken, der in der jeweiligen Überschrift angesprochen ist, hoffe ich – mithilfe eines Stichworts – ein wenig auf den Punkt zu bringen. Der persönliche Entschluss zum Handeln ist dadurch nicht vorweggenommen. So etwas wie eine Richtungsangabe wäre mir aber ein wichtiges Anliegen. Seelische Gesundheit hängt mit Zielstrebigkeit eng zusammen, sei hier (im Anschluss an Alfred Adlers Tiefenpsychologie) ausdrücklich festgestellt.

Was Krankwerden betrifft, gibt es wahrscheinlich kaum jemals ein Beeinträchtigtsein unserer gesundheitlichen Verfassung, das nicht seelisch bedingt ist. Bei den psychosomatischen Krankheiten steht eine solche Ursächlichkeit fraglos im Vordergrund. Welche Faktoren sind hier als bedeutungsvoll anzuführen? Wahrscheinlich ist meine Aufzählung nicht vollständig, bietet lediglich einen Impuls zum Nachdenken:

- Kränkung. Dass diese früher oder später krank macht, hat mein Lehranalytiker Erwin Ringel immer wieder eindringlich versichert und daher einen respektvollen Umgang eingemahnt, vor Herabsetzung nachdrücklich gewarnt. Aber auch eine Selbstbezichtigung ist ganz und gar nicht empfehlenswert. Durch Schuldgefühle und ein schlechtes Gewissen ist noch kein Mensch besser, am wenigsten aber gesund geworden,
- Angst. Dadurch wird uns – sofern wir allein sind – unsere Ohnmacht, Schwäche, Orientierungslosigkeit und Verletzbarkeit voll und ganz bewusst. Einst war die Angst ein philosophisches Modethema. Heute gibt es sie immer noch, und zwar in zunehmendem Maß, in einer Welt voller Umbrüche.
- Einsamkeit. Depression als »Zeitkrankheit« hat hier ihre Wurzeln. Der Massenmensch ist, wie bereits erwähnt, beziehungslos. Seiner Nachahmungsbereitschaft kommt keinerlei Bedeutung zu. Jemanden ausschließen, eine solche Maßnahme ängstigt, ist ein Indiz der heute so häufig praktizierten Entsolidarisierung.
- Überforderung. Durch ein heuchlerisches Lob kann man Menschen (in Dienstleistungsberufen, als Schüler oder Familienmitglieder) regelrecht erpressen, zumindest sie reglementieren. Ein eventueller Zeitdruck (Getriebenwerden) ist ebenfalls als etwas höchst Unheilvolles anzuführen.
- Einseitigkeit. Hauptsächlich für den Monolog hat das Geltung (sowohl vonseiten des Spenders als auch des Empfängers), ebenso für Tätigkeiten und Interessen, die alles andere strikt ausschließen, bis hin zu diversen Abhängigkeiten und Süchten. Oberflächlichkeit wäre, ganz offen gesagt, eindeutig das wesentlich kleinere Übel.

Es erscheint mir wünschenswert, dass einer nach eigenen Erlebnissen fahndet, die zum Beispiel rasende Kopfschmerzen oder einen plötzlichen Durchfall zur Folge hatten, ein Erbleichen oder Rotwerden im Gesicht, Atemnot, einen Schweißausbruch. Ähnliches möge – durch ein bewusstes Entgegenkommen – Mitmenschen dann erspart bleiben. Möglicherweise kann jemandem sogar aus einer diesbezüglichen Sackgasse herausgeholfen werden.

So manches rein zufällige, aber sehr wohlmeinende Gespräch vermag oftmals eine Wende zum Besseren einzuleiten.

Folgende Faktoren, die in psychohygienischer Hinsicht von großer praktischer Bedeutung sind, lassen sich im zwischenmenschlichen Bereich deutlich unterscheiden. Im Familienleben, in einer Partnerschaft, zwischen Berufskollegen, Nachbarn, Bekannten mögen sie eine hilfreiche oder katastrophale Rolle spielen:

- Miteinander (Geben, Teilen) oder Nebeneinander (Privatismus, Gleichgültigkeit)
- Zueinander (Sympathie) oder Auseinander (Antipathie)
- Füreinander (Solidarität, Stellvertretung, Teilhabe) oder Gegeneinander (Machtkampf, Unterwerfung, Ausgrenzung).

Die Familie ist Teil der Gesellschaft und daher auf Kontakte zu dieser – in mehrfacher Hinsicht – angewiesen. Im Familienkreis lernen wir es, uns zu bewegen, oder man nötigte uns schon sehr früh zu einer unheilvollen Distanz. Jede Absonderung (die auch das Verhältnis der Familienmitglieder zueinander betreffen kann) beschwört die Gefahr einer »Charakterneurose« herauf. Horst-Eberhard Richter unterscheidet diesbezüglich drei gesundheitsschädliche Formen des Familienlebens: das (angstneurotische) »Sanatorium«, die (paranoide) »Festung« und das (hysterische) »Theater«.

Wir wollen Typisierungen nicht überschätzen. Doch etwas höchst Aufschlussreiches dürfte hier zumindest angedeutet sein. In allen ähnlich gelagerten Fällen wird – aus welchem Grund auch immer – gegen die bestehenden Verhältnisse (die alles andere als ideal sein mögen) sozialisiert. So manches Kind hat dann die größten Schwierigkeiten, sich im Leben zurechtzufinden, wird zum Einzelgänger, Außenseiter, Zuschauer oder Asozialen. Die »Flucht in die Krankheit« erweist sich oft als logische Konsequenz. Ihr kommt im Übrigen immer der Charakter eines Hilferufes zu.

Nun lasse ich abschließend, wie angekündigt, einen Rückblick auf die vorangegangenen Kapitel folgen, wobei jeweils an ein Stichwort angeknüpft wird. Wem meine Aussagen vielleicht zu wenig handlungsorientiert sind, der möge überlegen, welche konkrete Auswirkung das Gesagte in seiner speziellen Lebenslage haben könnte.

- **Macht.** Etwas schlechthin Menschenverachtendes, das immer mit Gewaltanwendung und Zwangausüben verbunden ist. Ob jemand dazu angeblich eine Berechtigung besitzt, interessiert mich nicht. Eine solche Handlungsweise steht in einem absoluten Gegensatz zu wünschenswerten Verhältnissen des Zusammenlebens, nämlich auf gleicher Ebene. Eine schonungslose Selbstprüfung ist hier erforderlich.

- **Krise.** Es handelt sich um eine Erscheinung, die mit Werden (Wachstum) und Veränderung (infolge von Umständen) zusammenhängt. Krisenbewältigung würde hauptsächlich in der Zustimmung zu diesem Geschehnis, einem Mitvollzug bestehen (Wirtschaftskrise ist etwas Indirektes). Aus Veränderungen erwächst die persönliche Lebensgeschichte. Es handelt sich nicht bloß um einen Schönheitsfehler, es ist eher so etwas wie ein Alptraum, wenn jemand einen embryonalen Eindruck erweckt, weil ihm bisher alles in den Schoß gefallen ist. Somit können wir auf das Kompliment gern verzichten, dass wir uns (angeblich) im Lauf der Jahre »nicht verändert« haben.

- **Korrektur.** Eine wichtige Forderung der Individualpsychologie (A. Adler) besteht darin, dass der Lebensstil immer wieder einer Prüfung zu unterwerfen sei. Er ist schon sehr früh entstanden, daher mit allerlei Irrtümern und Missverständnissen behaftet. Es handelt sich (auch erkenntnistheoretisch betrachtet) um ein Vorverständnis, das notwendigerweise immer korrekturbedürftig ist.

- **Selbstbestimmung.** Nicht nur infolge ihrer Unerfahrenheit müssen Kinder sich oft allzu lange eine Lenkung, den Befehlsempfang, Anpassungsforderungen, das Gängelband gefallen lassen. Der Anspruch auf Selbstsein rückt aufgrund einer autoritären Gesellschafts- bzw. Familienstruktur auch im späteren Leben unberechtigterweise meist ins Zwielicht. Ohne echte Selbstbestimmung vermag aber niemand Verantwortung zu übernehmen. Das sollte uns klar sein und sehr zu denken geben.

- **Problem.** Es handelt sich um Aufgaben, die sich uns zunächst zwecks einer mentalen Klärung stellen. Wer vorwiegend zum Nachahmen neigt, dem ermangelt die personale Profilierung. Viele Menschen sind nicht etwa zu dumm, wohl aber zu feig, um persönlich Stellung zu nehmen und für ihre Meinung voll und ganz einzustehen.
- **Lebensfrist.** Wie viel Zeit uns in Zukunft noch zur Verfügung steht, entzieht sich (außer im Fall einer unheilbaren Krankheit) unserer Kenntnis. Jeder Tag ist als Gabe und Aufgabe zu betrachten, die Zeit zum Totschlagen daher viel zu schade. Den Mut zum Leben als etwas Vorübergehendes gewinnen wir hauptsächlich durch Zusammenarbeit.
- **Struktur.** Den räumlichen Gegebenheiten (Wohn- und Bewegungsraum) stehen auch zeitliche Formen gegenüber. Es handelt sich nicht etwa um eine bloße Fortsetzung des Immergleichen. Gänzlich verfehlt wäre es, alles auf sich zukommen zu lassen, empfehlenswert dagegen, Kontaktmöglichkeiten, die sich uns bieten, zu ergreifen.
- **Sexualität.** Sie hängt mit Zeugung (Nachkommenschaft), aber auch der beiderseits gewollten lustvollen Gemeinsamkeit von Geschlechtspartnern zusammen. Aus einer hochmütigen Geistvergötzung ergibt sich dem Körper und seinen Regungen gegenüber logischerweise Verachtung. Für wen Nacktheit und Orgasmen peinlich sind, der neigt wahrscheinlich schon früh dazu, in eine Marionettenexistenz zu geraten. Dem Sterilen stünde Animalisches – als Auflockerung und ein schätzenswerter Bewegungsimpuls – gegenüber.
- **Motivation.** Gezielte Reize, Einflüsse, durch die man einem Menschen ganz bestimmte Reaktionen (zum Beispiel einen Einkauf, das politische Wahlverhalten) aufzwingt, berauben uns der Willensfreiheit. Wir haben nicht nur ein Recht auf sie, sondern auch die Pflicht, davon in verantwortungsvoller Weise Gebrauch zu machen, unsere Personalität gerade auf diese Weise ganz eindeutig unter Beweis zu stellen.

- **Wahrnehmung.** Menschen, die ihren Sinnen misstrauen, auch als einer Möglichkeit, um zu körperlichem Lustempfinden zu gelangen, sind wie Blinde auf Führung angewiesen. Das dürfte wohl der eigentliche Grund einer solchen Irreführung sein, und zwar unter der Devise »Selbstbeherrschung« (als einer autoritaristischen Forderung). Ohne Taktgefühl wüssten wir bezüglich Nähe oder Abstand dem Mitmenschen gegenüber nicht Bescheid.

- **Stimme(n).** Etwas ist richtig, das einer ausspricht, oder es ist gelogen. Das Körperorgan (unser Kehlkopf) ermöglicht uns einen persönlichen Ausdruck, aber ebenso eine soziale Kontaktnahme. Wir stellen Fragen, geben Antwort. Worte bewegen. Die Stimme (auch ihr Klang) ist daran ganz maßgeblich beteiligt.

- **Familie.** Die Heranwachsenden, Kinder, vor allem Jugendliche, sollen bald einmal das »Nest« verlassen und sich auch anderswo behaupten können. Weit weniger ein Durchsetzungsvermögen wäre dazu vonnöten, als vielmehr die Bereitschaft, Anderssein zu akzeptieren. Ohne wechselseitige Zustimmung würde auch das familiäre Zusammenleben als unerfreulich empfunden.

- **Bildung.** Es handelt sich um eine geistige Formkraft, die zugleich immer nach außen dringt. Als Dekoration sind derartige Güter nicht gedacht. Das Leben im Ganzen kann als ein Kunstwerk angesehen werden, wenn einem Menschen nichts geschenkt wird, er einen vollen Einsatz leisten musste. Auch das Verständnis für eine Art Zeichensprache – in Wort und künstlerischem Ausdruck – scheint dazu erforderlich zu sein. Mit Wachstum allein findet der Mensch jedenfalls nicht das Auslangen.

- **Gewissen.** Es wächst durch Auseinandersetzung mit Lebensaufgaben und ist gleichbedeutend mit der wachen Bereitschaft, Verantwortung zu übernehmen. Vorschriften (Gesetzen) und Wertvorstellungen (Idealen) kommt eine Orientierungsfunktion zu. Das persönliche Urteilen und Entscheiden kann und soll uns aber von keiner Instanz abgenommen werden.

- **Alter.** Sämtliche »Stufen« bilden eine Einheit, gehören somit untrennbar zusammen. Lediglich eine (ungerechtfertigte) Überschätzung der Leistungsfähigkeit liefert sowohl Kinder als auch

Alte der Geringschätzung aus. Verschiedenaltrige sollten sich zu ihrer Ergänzungsbedürftigkeit bekennen, die für das soziale Leben insgesamt Geltung hat. Dann existieren auch keine Generationenkonflikte mehr.

- **Kind.** Es ist das Maß des Menschen. Ihm schulden wir Ehrfurcht, nicht aber den Herrschenden, Machthabern. Weil Kinder uns brauchen, andere Hilfsbedürftige ebenfalls, wissen wir erst um den Sinn und Zweck des Lebens Bescheid. Bewegung ist dann oftmals gleichbedeutend mit einer liebevollen Annäherung.

Der Lebenswille steht nicht nur im Gegensatz zum Suizid. Er ist eine Antriebskraft schlechthin. Die Energie dazu bietet allerdings erst die Gemeinschaft. Wir sollten daher niemals damit aufhören, um Nähe, Gespräch, Verständigung bemüht zu sein. Ein gesundes, personales Ich gedeiht nur auf diesem Grund und Boden. Es handelt sich um einen relativen Begriff, was keineswegs eine Entwertung darstellt.

Wie Sätze aus einzelnen Wörtern bestehen, so verhält es sich auch mit Menschen, die sich zu ihrer Zusammengehörigkeit bekennen. Es sind keine Opferseelen. Worauf sie verzichten, das wird ihnen in hohem Maß geschenkt. Die Tugend der Dankbarkeit ist von Unterwürfigkeit klar und deutlich zu unterscheiden.

Ob mein Buch sich für einen Leser als unterhaltsam und anregend oder langweilig und überflüssig erweist, jemand durch diese oder jene Feststellung in Verwirrung gestürzt wird oder er eine wertvolle Unterstützung findet, vermag ich nicht vorauszusehen. Die Tatsache, dass ich gern und ziemlich schnell am Werk war, dürfte diesbezüglich ohne Bedeutung sein.

Ich kann nur feststellen, dass ich mich dabei in besonderer Zuneigung an zahlreiche Menschen erinnert habe, solche, mit denen ich als Lehrer, andere, mit denen ich als Psychotherapeut zusammengearbeitet habe. Auch wenn mir ihre Namen entfallen sind, blieben mir viele über Jahre hinweg gegenwärtig.

Selbst wenn dieses vielleicht nicht mein letztes Buch ist, wünsche ich mir, dass der eine oder andere Leser sich dadurch gestärkt, vor allem ermutigt fühlt. Mein irdischer Weg wird irgendeinmal an ein Ende gelangt sein. Vielleicht traut man sich gewisse Tätigkeiten, ehe es so weit ist, nicht mehr zu. Durch andere Menschen bleibt aber immer etwas in Bewegung, wozu ich durch alle meine Bücher und Schriften hoffentlich einen kleinen Beitrag leisten konnte.

In besonderer Dankbarkeit denke ich dabei an meine drei Söhne – Peter, Wolfgang und Bernhard, ihr Heranwachsen, aber auch die Zuneigung und Hilfsbereitschaft, die sie mir als Erwachsene verschiedentlich erwiesen haben.

Es geht immer irgendwie weiter, setzt sich fort, selbst wenn die Personen wechseln. Gleichzeitig soll aber jeder als einmalig angesehen und auch so eingeschätzt werden, und zwar sofern er ein Mitmensch ist. Diesen Herzenswunsch setze ich ganz bewusst hierher – gerade weil mir in meinem Leben auch eine grausame Frist des Alleinseins, eine Art Verbannung, auferlegt war. Umso dankbarer stimmten mich gerade darin Zeichen der Zuwendung und Wertschätzung.

Wer ein »Gegenmensch« ist, mag sich selbst nicht. Möge der barmherzige Gott uns dazu verhelfen, uns stets als Mitmenschen zu erweisen. In diesen Wunsch sind auch die Leser dieses Buchs mit eingeschlossen. Es enthält eine Anregung zu solidarischem Verhalten. Mich selbst überkommt stets am Ende einer Manuskripterstellung ein Gefühl der Unzulänglichkeit und des Unvermögens. Vielleicht ist das gar kein so schlechtes Zeichen. Wiederholungen möge der Leser in Kauf nehmen, manche Oberflächlichkeit und Ungenauigkeit ebenfalls.

Zum Schluss

»Fragen wird man ja noch dürfen« ist der Titel meines zuletzt erschienenen Buchs. Abschließend behaupte ich dort, dass durch Fragen ein Starrsinn sich in einen Bewegungsimpuls verwandeln möge. An die Stelle von Beeinflussungstechniken sollten der Hausverstand und das Einfühlungsvermögen treten.

Hinter den finanziellen Nöten heutzutage stecken ein soziales Defizit, Skrupellosigkeit, eine krankhafte Gier. Man könnte auch sagen: eine unverzeihliche Dummheit und Kurzsichtigkeit. Jemand kann auf ganz unterschiedliche Weise über seine Verhältnisse leben. Einer Erlaubnis bedarf es zum Fragen nicht, der Bereitschaft aber schon. Es gibt dazu sogar eine Verpflichtung, und zwar aufgrund der Gewissenseinsicht. Dann ist allerdings nicht mehr das Ich die erste Person, sondern das Du. Der Einzelne fühlt sich dazugehörig und ist froh darüber.

Der Lebenswille dient neben der Selbsterhaltung vor allem der Mitmenschlichkeit, dem Zusammensein, einem Einswerden ohne Selbstverlust. »Aufopfern« braucht sich dabei keiner.

Wir gewinnen Sicherheit im Vertrauen, sei zusammenfassend festgestellt. Das Risiko zahlt sich stets aus. Es ist besser, einmal draufzuzahlen als jeden zweiten Menschen für einen Lügner und Betrüger anzusehen. Auf eine solche Art von »Menschenkenntnis« gilt es bewusst zu verzichten.

Statt eines Ich-Fixiertseins, was Enge und Stillstand bedeuten würde, wäre allemal eine Flexibilisierung vonnöten. Das Chaos erscheint mir dann weit weniger bedrohlich als der Starrsinn und eine asoziale Form von Beharrlichkeit.

Von einem Freund, der das Manuskript des vorliegenden Buchs gelesen hatte, wollte ich wissen, was aus seiner Sicht mein wichtigstes Anliegen sei und worauf es auch ihm in erster Linie ankomme. Ohne lange nachzudenken, sagte er: Verantwortung. Dem ist, glaube ich, nichts mehr hinzuzufügen,

Auch wenn dieses kein so frommes Buch ist wie »Glaube hilft leben« (2010 im Verlag Anton Pustet, Salzburg, erschienen – ebenso wie mein Buch »Fragen wird man ja noch dürfen« ein Jahr später), so wünsche ich zum Schluss allen, die sich mit meinem Text auseinandergesetzt haben, Gottes reichsten Segen für ihre Lebensaufgabe als Mitmenschen.

Möge es ihnen gelingen, etwas von der Liebe Jesu auch in ihrem Zusammensein zur Geltung zu bringen, darauf belebend Einfluss gewinnen zu lassen. Die Worte sind dann nicht mehr so wichtig.

Literaturhinweise

Adler, A. (1912): Über den nervösen Charakter. Frankfurt 1973
- (1927): Menschenkenntnis. Frankfurt 1966
- (1929): Neurosen. Fallgeschichten. Frankfurt 1981
- (1930): Kindererziehung. Frankfurt 1976
- (1933): Der Sinn des Lebens. Frankfurt 1973

Bader, W. (Hrsg.): Querschnitte 2006. Gelebtes, Fantastisches und Modernes. Horitschon 2006

Bäumer, F.: Grundfragen der modernen Entwicklungspsychologie. Bad Heilbrunn 1974

Baltes, P. B. (Hrsg.): Entwicklungspsychologie der Lebensspannen. Stuttgart 1979

Bastian, H. D.: Kommunikation. Wie christlicher Glaube funktioniert. Stuttgart 1972

Biser, E.: Die Neuentdeckung des Glaubens. Stuttgart 2004

Bollnow, O. F. (1958): Wesen und Wandel der Tugenden. Berlin 1967
- (1959): Existenzphilosophie und Pädagogik. Versuch über unstetige Formen der Erziehung. Stuttgart 1965
- Maß und Vermessenheit des Menschen. Philosophische Aufsätze. Göttingen 1962
- (1965): Die anthropologische Betrachtungsweise in der Pädagogik. Essen 1968
- (1966): Sprache und Erziehung. Stuttgart 1969
- Philosophie der Erkenntnis. Das Vorverständnis und die Erfahrung des Neuen. Stuttgart 1970
- Das Verhältnis zur Zeit. Ein Beitrag zur pädagogischen Anthropologie. Heidelberg 1972
- Das Doppelgesicht der Wahrheit. Stuttgart 1975

Brocher, T.: Von der Schwierigkeit zu lieben. Stuttgart 1975
- Stufen des Lebens. Stuttgart 1977

Burkhardt, H.: Die unverstandene Sinnlichkeit, Entwurf einer Anthropologie der Sinnlichkeit. Wiesbaden 1973
- Der unverstandene Mensch. Psychologie – Wissenschaft oder Heilslehre. Freiburg 1977

Capra, F.: Lebensnetz. Ein neues Verständnis der lebendigen Welt. Bern 1996

Comfort, A. (1963): Der aufgeklärte Eros. Plädoyer für eine menschenfreundliche Sexualmoral. Reinbek 1968

Edelmann, W.: Entwicklungspsychologie. Ein einführendes Arbeitsbuch. München 1980

Ellis, A. (1962): Die rational-emotive Therapie. München 1977

Erikson, E. H. (1959): Identität und Lebenszyklus. Frankfurt 1970
- (1964): Einsicht und Verantwortung. Die Rolle des Ethischen in der Psychoanalyse. Stuttgart 1966

Flügge, J. (Hrsg.): Pädagogischer Fortschritt? Bad Heilbrunn 1972

Fromm, E. (1947): Psychoanalyse und Ethik. Stuttgart 1954
- (1956): Die Kunst des Liebens. Frankfurt 1971
- (1964): Die Seele des Menschen. Ihre Fähigkeit zum Guten und zum Bösen. Stuttgart 1979

Halbmayr, A./Mautner, J. P. (Hrsg.): Gott im Dunkeln. Religion in den Lebenswelten der späten Moderne. Innsbruck 2003

Haun, R. (Hrsg.): Geschlechtserziehung heute. Informationen – Kontroversen – Modelle. München 1971
Huber, J. (Hrsg.): Abschied von der Steinzeitmoral. Chancen der Biomedizin. Graz 2001

Isay, R. A. (1989): Schwul sein. Die psychologische Entwicklung des Homosexuellen. München 1990

Jung, M. (1995): Lebensnachmittag. Die zweite Lebenshälfte: Krise und Aufbruch. Lahnstein 2005
- (1997): Mut zum Ich. Auf der Suche nach dem Eigen-Sinn. Lahnstein 2004
- Zeit für Zärtlichkeit. Vom Abenteuer der Zuneigung. Lahnstein 2002
- (2003): Liebesarbeit. Das Paar – Jugend, Lebensmitte, Alter. Lahnstein 2004
- (2003): Das sprachlose Paar. Wege aus der Krise. Lahnstein 2004
- Bindungs-Angst. Die Strategie des Selbstboykotts. Lahnstein 2004

Kentler, H. u. a. (1967): Für eine Revision der Sexualpädagogik. München 1969

Klare, T./Krope P.: Verständigung über Alltagsnormen. München 1977

Lauster, P. (1978): Lassen Sie sich nichts gefallen. Mut zum Ich durch Abkehr von falschen Leitbildern. Reinbek 1981

Leonhard, H. W.: Behaviorismus und Pädagogik. Kritik behavioristischer Psychologie und ihrer Anwendung in der Pädagogik. Bad Heilbrunn 1978

Lowen, A. (1967): Der Verrat am Körper. Der bioenergetische Weg, die verlorene Harmonie von Körper und Psyche wiederzugewinnen. Reinbek 1982

Mönks J. F./Knoers, A. M. P: Entwicklungspsychologie. Eine Einführung. Stuttgart 1976

Perner, R. A.: Darüber spricht man nicht. Tabus in der Familie –
das Schweigen durchbrechen. München 1999

Plankensteiner-Spiegel (Hrsg.): Liebe – Eros – Sexualität.
»Herdenbrief« und Begleittexte. Thaur 1996

Pohlmeier, H.: Selbstmord und Selbstmordverhütung. München 1978

Rattner, J.: Heilung durch das Gespräch. Tiefenpsychologie und Sprache.
Berlin 1977

Revers, W. J.: Frustrierte Jugend. Fälle und Situationen. Salzburg 1969

Richter, H.-E.: Patient Familie. Entstehung, Struktur und Therapie von
Konflikten in Ehe und Familie. Reinbek 1970
- Lernziel Solidarität. Reinbek 1974
- Flüchten oder Standhalten. Reinbek 1976
- Das Ende der Egomanie. Die Krise des westlichen Bewusstseins. München 2003

Ringel, E. (1973): Selbstschädigung durch Neurose. Psychotherapeutische Wege
zur Selbstverwirklichung. Wien 1978
- (1984): Die österreichische Seele. Zehn Reden über Medizin, Politik, Kunst und
  Religion. Wien 1991
- Die ersten Jahre entscheiden. Bewegen statt erziehen. Wien 1987
- Fürchte den anderen wie dich selbst. Gegensätze überwinden. Wien 1991
- Fliehen hilft nicht. Vom richtigen Umgang mit Problemen. Freiburg 1993
- Das Alter wagen. Wege zu einem erfüllten Lebensabend. Wien 1993

Kirchmayr, A.: Religionsverlust durch religiöse Erziehung.
Tiefenpsychologische Ursachen und Folgerungen. Wien 1986

Rogers, C. R. (1969): Lernen in Freiheit. Zur Bildungsreform in Schule und
Universität. München 1974
- (1980): Der neue Mensch. Stuttgart 1981

Rummel, A. (Hrsg.): Die Zehn Gebote. Wegweisung für unsere Zeit.
Freiburg 1982

Schellenbaum, P. (1986): Das Nein in der Liebe. Abgrenzung und
Hingabe in der erotischen Beziehung. München 1991
- (1988): Die Wunde der Ungeliebten. Blockierung und Verlebendigung der Liebe.
  München 1991

Schiwy, G.: Abschied vom allmächtigen Gott. München 1995

Schmidbauer, W.: Die hilflosen Helfer. Über die seelische Problematik der
helfenden Berufe. Reinbek 1977
- Jetzt haben, später zahlen. Die seelischen Folgen der Konsumgesellschaft.
  Reinbek 1995
- Die Angst vor Nähe. Reinbek 1998

Schmidt, R. (Hrsg.): Die Individualpsychologie Alfred Adlers. Ein Lehrbuch. Stuttgart 1982

Seligman, M. E. P. (1975): Erlernte Hilflosigkeit. München 1979

Skinner, B. F. (1971): Jenseits von Freiheit und Würde. Reinbek 1973

Standenat, S.: Wie Heilung geschieht. Unerklärliche Fälle. München 2010

Sullivan, H. S.: Das psychotherapeutische Gespräch. Beitrag zur modernen Psychoanalyse und Psychotherapie. Frankfurt 1976

Szczesny-Friedmann, C.: Die kühle Gesellschaft. Von der Unmöglichkeit der Nähe. München 1991

Tillich, P. (1952): Der Mut zum Sein. Hamburg 1968
- (1960): Wesen und Wandel des Glaubens. Berlin 1963
- Die neue Wirklichkeit. München 1962

Watzlawick, P. (1967): Menschliche Kommunikation. Formen – Störungen – Paradoxien. Bern 1974
- Wie wirklich ist die Wirklichkeit? Wahn – Täuschung – Verstehen. München 1976

Weischedel, W. : Wirklichkeit und Wirklichkeiten. Aufsätze und Vorträge. Berlin 1960
- Skeptische Ethik. Frankfurt 1976

Von DDr. Gerhard Brandl sind folgende Bücher erschienen:
- (1975): Miteinander sprechen lernen. Anthropologische Grundlagen der Gesprächspsychotherapie. Eschborn 1997
- (1980): Handeln aus Liebe. Der Dekalog aus individualpsychologischer Sicht. Eschborn 1997. Ursprünglicher Titel: Nächstenliebe – Ausgangspunkt der Erneuerung
- (1977): Erziehen ohne verwöhnen. Ein Ausweg. Eschborn 1997
- (1982): Zum Mitmenschen unterwegs. Ein Konzept seelischer Gesundheit. Eschborn 2002
- Wohin mit Angst und Depression? Eine aktive Lebenshilfe. Steyr 1995
- Womöglich zusammen leben. Eine psychohygienisch relevante Umschau. Berlin 1999
- Übergangszeit. Offen für Neues. Norderstedt 2000
- Selber Entscheidungen treffen. Mut zur Wende. Norderstedt 2000
- Statt vor verschlossenen Türen. Ein psychosoziales Entkrampfungs-Training. Norderstedt 2001
- Aus der Isolation aufbrechen. Impulse wider Passivität, Vereinzelung, Privatismus. Hamburg 2002

- Erste Hilfe in seelischer Not. Anregungen – Impulse – Klarstellungen. Norderstedt 2002
- Nicht mehr und nicht weniger. Eine Anstiftung zum Selbstsein. Norderstedt 2003
- Sich sorgen um den Sex. Grenzüberschreitung zum Du: Einsichten und Auswege. Horitschon 2006
- Wie miteinander sprechen? In: Bader, W. (Hrsg.): Querschnitte 2006, S. 53–59
- Glaube hilft leben. Psychohygienische Impulse. Salzburg 2010
- Fragen wird man ja noch dürfen. Ein Geschenksbuch zum Thema Leben. Salzburg 2011
- Vorsicht – Nachsicht – Einsicht. Gesellschaftskritische Betrachtungen und psychohygienische Anregungen. Wien 2012
- Stichwort Gesundheit: Einklang statt Entzweiung. Horn/Wien 2014
- Thema: Leben – Gabe und Aufgabe. Psychohygienische Impulse. Münster 2014

Als Herausgeber, zusammen mit Erwin Ringel:
- (1977): Ein Österreicher namens Alfred Adler. Seine Individualpsychologie – Rückschau und Ausblick. Eschborn 1997
- (1977): Situationsbewältigung durch Fragen. Das dialogische Prinzip im Lernprozeß. Eschborn 1999

Bücher von DDr. Gerhard Brandl, bereits vergriffen:
- Verantwortung als kommunikativer Prozess. Saarbrücken 1973
- Erziehung zur Wirklichkeit. Ratingen 1975
- Das Gruppengespräch als Lernweg. Wien 1975
- Im Mittelpunkt stehen wollen? München 1976
- Familie ohne Angst. Wien 1979
- Sich miteinander verständigen lernen. München 1980
- Damit Leben nicht verloren geht. Salzburg 1983
- Generationenkonflikte gemeinsam lösen. Eine psychotherapeutische Orientierungshilfe für Schule, Beruf, Leben. Bad Heilbrunn 1996
- Was haben wir nur falsch gemacht? Regensburg 1996
- Auf der Suche nach Sinn. Über Mensch-Werden handlungsorientiert nachdenken. Regensburg 1997
- Nie mehr fraglos. Regensburg 1998
- Hexe im Stammbaum. Und andere Nachdenklichkeiten. Gelnhausen 1998
- Mitmenschlichkeit kann uns heilen. Annäherungs-Versuche. Graz 1999
- Gute Reise. Norderstedt 1999